凝煉知識品味閱讀

知識的終點是無知？

揭開知識論的神祕面紗，突破思維的束縛

冀劍制——著

五南圖書出版公司 印行

自 序

「知識論」是對知識的反思所形成的各種哲學理論，一般在哲學系都會作為必修課；「必修」表示這是作為一個哲學人不得不學的重要領域。

在哲學系的各種課程中，無論必修或是選修，「知識論」都可說是一門較難的科目，而且跟日常生活的關聯性較低，也可以說是一門非常不討喜的課程。當然，沒有哪一門哲學課真的跟生活完全無關，只不過有些課程無法這麼容易看見其相關性，也就常會被學生認為修這門難度頗高的課程不太有意義。

記得在讀大學時，知識論課堂上就常有同學質疑這門課的學習價值。我剛開始也有這樣的質疑，通常只要有這種質疑，大概就沒什麼心思在課堂上了。所以，我第一次修知識論的成績是不及格。還好因為是必修，所以重來一次。

第二次修課時，我的哲學能力提升了，可以看見更多更深的問題，才慢慢感受到知識論的重要性。在這種情況下，自然也就更有動力學習。尤其讀到「融貫論」時，可說是「驚為天書」，覺得自己看見了知識的真相，完全轉變了看待世界的觀點，澈底成了信奉者。

後來跟當時臺灣知識論的權威——林正弘老師聊到我對融貫論的好感時，他說我想得還不夠深入，還沒有挖出理論的缺失，「進去了，卻沒出來，不是一個好的哲學學習歷程。」這段對話，也對我的人生帶來重大影響。

書籍可以反映出作者大腦與心靈的構成，對照我已經出版的十六本書，其實大腦裡還有一個區域並沒有好好轉化成書，這個區域就是「知識論」。

自從我大學二年級開始接觸知識論以來，可以說一直跟它形影不離。碩士班、博士班都有不少課程屬於知識論領域。雖然我的碩、博士論文都不直接屬於知識論領域，但都間接相關。所以，我也一直把知識論當作是我的專長之一，而且也一直想把自己在學習知識論的過程中所獲得的成果分享給大眾。但除了這並不是一件容易的事情之外，也擔心沒有出版社願意出版這種頗有難度的書籍，所以遲未動筆。

有一天，五南出版社編輯來訪，想邀稿知識論。我聽了很高興，也表示有興趣寫，但還是善意提醒一下：「這種書的銷售量可能會很淒慘喔！沒關係嗎？」我聽到的回答是：「第一，未必。第二，就算很淒慘也沒關係，畢竟出版社除了賺錢之外，也還是有服務社會文化的責任，出版好書總是有價值的。」

既然合作夥伴已經有這種視死如歸的勇氣，那我就努力試著來實現這個未完成的大腦拼圖吧！不過這本書真的不好寫，大概在我出版的所有書籍中，除了《心靈風暴》花了超過五年才完成之外，耗費了我最多時間。尤其在這段期間，我擔任學校一級主管，常常一整天會議後，完全沒有精神能再寫任何東西。而且在從哲學系轉到東方人文思想研究所之後，所開的課程都是新課，必須重新準備。大概至少有兩次，我的寫作完全中斷，思路無法接續，前面寫過些什麼，幾乎完全忘光，若要接下去寫，還得從頭到尾讀過一遍，否則重複了都不知道。

有一次我跟朋友談到這本書，提到我把與人工智慧相關的知識型態寫了進去，這是一般知識論書籍比較不會涉獵的領域。當他問我寫了什麼時，我竟然想不出細節。後來他建議我可以多談談「錯誤知識」，我說，好像有提到這類東西，但也忘記寫了什麼。他又建議我可以考慮把「道德知識」也寫進去，這也是一般知識論書籍不會談到的部分；當時我覺得這個建議很好，並向他道謝。回家後卻發現，原來早已有一個篇章就是「道德之知」。這還真是一個不可思議的現象，思路中斷一段時間後，竟然可以忘到這種境界。

我已盡可能把這本書寫得易讀一些，希望能達到連高中生也不會覺得困難的地步。也盡可能減少在細節方面的理論與討論，可以作為對知識反思的起步，若對任何一個議題感興趣，讀者們可以再找專門書籍來閱讀。但我認為，對多數人來說，如果不是想鑽研哲學，只是希望能獲取知識論在日常生活中運用的價值，我想，這本書應該就足夠了。

冀劍制

2023 年夏天，謹誌於華梵大學薈萃樓

CONTENTS

第一篇　求知之路

2　一、知之樂

7　二、我們可以知道些什麼？知識的極限在哪裡？

15　三、求知之路的盡頭：「最終知識」

20　四、潛藏在認知裡的「錯誤知識」

第二篇　知識的種類

30　一、知識區分成「知道什麼」與「知道如何」

38　二、另一種實踐型知識：「道德之知」

45　三、只有自己知道的「自我知識」

51　四、哲學智慧裡的「無知之知」

57　五、佛學智慧裡的「空性之知」

63　六、人工智能難以駕馭的「背景知識」

第三篇　知識的意義

72　一、知識就是「合理的真信念」

79　二、葛第爾問題：合理的真信念不是知識的充分條件

87　三、尋找「真」的意義

CONTENTS

第四篇　知識的懷疑

98　一、真金不怕火煉，真知不怕懷疑論
104　二、對「自我」的懷疑
110　三、對「因果」的懷疑
116　四、對「外在世界」的懷疑
122　五、對「他人心靈」的懷疑
130　六、對「科學方法」的懷疑

第五篇　知識的結構

140　一、知識像大廈的「基礎論」
150　二、知識像圓盤的「融貫論」
156　三、理由在哪裡？「外在論」與「內在論」之爭

163　後記　知識的反思

第一篇

求知之路

知識就是力量。

——培根（Francis Bacon，公元 1561-1626）

一、知之樂

如果有一天，你碰巧幫助了一位假裝盲人的天神過馬路，天神說要回答你一個問題當作獎勵。只有一個問題，而且只限求知，不能用來賺錢，好好想一下，你最想知道什麼？

想像一下，如果有一天，科學家發現了一種前所未有的方法，可以找出宇宙中存在的外星文明。那麼，你是否有興趣知道諸如：距離地球最近的外星人住在哪裡？我們所在的整個銀河系裡究竟有多少外星文明？更進一步，你有興趣知道這些外星文明的政治與文化風俗嗎？

再想像一下，如果科學家證明了人死後仍存在，而且天堂與西方極樂世界也都真實存在？那麼，你是否有興趣深入了解「天堂」、「西方極樂世界」的環境與生活樣貌究竟如何？

假設你必須到學校才能學到這些知識，那麼，你會純粹為了求知而去學校嗎？然而，假設在前往學校的當天突然有颱風過境，你還會渴望放颱風假嗎？又假設你必須繳學費才能學到這些知識，而且除此之外別無他法，那麼，你願意繳多少學費呢？

人類的好奇心正在被抹滅

我猜想大多數人都對這些知識很感興趣，也大多樂意花費比現今大學更高的學費來換取它們。不僅針對死後這種與生命息息相關的知識感興趣，就連和我們生活不太有關聯、即使知道也沒用的外星知識也有興趣。為什麼呢？

答案很簡單，因為人類天生有著求知的好奇心，有著滿足這些好奇心的欲望。這和人們與生俱來的其他欲望類似，都是那種足以讓人上癮、並且願意付出昂貴代價去追求的東西。然而，當我們觀察人們卻會發現，這種好奇心正在被抹滅。為什麼會這樣？其實答案不難想像。

假設社區裡有一間免費餐館，裡面有各式各樣的美食，想吃多少就吃多少。除此之外，還設立了美食學校，學生從小被迫去吃各式各樣的食物。就算沒有食慾，也要勉強吃，而且回家之後還要繼續吃，並且寫下心得作業，之後還要考試，考得好可以獲得表揚，考不好可能會被羞辱。從六歲到十八歲，不斷被強迫吃吃吃。在這種情況下，人們的食慾還能不被抹滅嗎？

當人們在對某些知識感到好奇之前，就一直不斷被灌輸各式各樣的知識，在這種情況下，厭惡感自然會排擠好奇心，不僅對於求知缺乏興趣，可能還會產生反感。

我並不打算全盤否定當代教育的方法，只是談論這種現象。如果要等每一位學生有了求知的好奇心才去教導，是否為比較好的教育方法？這其實很難說。因為學習基礎知識的速度可能會太慢，在學習某些較無趣的事情，如認字、數學等，會不會一直不易提升興趣，這些都是問題。另外，每位學生可能對事物感興趣的先後次序不同，如何能夠針對每一個人的成長狀態去教導？在討論教育方法時，這些都是值得思考的問題。所以，我對教育改革議題並沒有定見。但如何把知識「烹調得美味」，進而激發求知的樂趣，應該是教育者需要深入學習的技能。不過，前提是教育者自己最好先覺得這些知識很有趣，才能散發感染力。

復活的求知慾

然而，即使當今教育方法會抹滅求知慾，但這只是暫時的，而且只限某些比較不易感興趣的知識。對於各種有趣的、像是明星私生活的八卦新聞、遊戲破關祕技等訊息，學子們大多依然熱衷，仍舊會主動求知。而且，當人們離開了學校，甚至離開了職場，不再被灌食不感興趣的知識後，求知的好奇心就會又慢慢燃燒起來。於是，退休後重新入學的、主動參與社區課程的、到圖書館借書閱讀的，隨著必須要學習的負擔降低，主動求知的情況反而變多。即使年老力衰、眼力與腦力退化，也澆不熄求知的熱情。

所以，如果要問「知識的價值」是什麼？我當然同意十六世紀英國哲學家培根的名言：「知識就是力量」。理由很簡單，知識是我們可以完成各種壯舉的基礎，不同類型的知識，可以讓我們完成不同的豐功偉業。就像當人們知道如何運用抗生素來對付各種細菌之後，許多疾病就不再對人類造成傷害。

然而，知識的真正價值就只在於它們的用處嗎？事實上，從人的內在感性來說，知識最大的價值，在於「很有趣、很好玩」。由於想要知道、渴望知道，我們可以在沒有特別目的的情況下追求知識，它的終極意義，就在於讓我們滿足求知的喜悅，而這也就是一般我們所謂的「哲學的起源」。

一個山中少年，想要知道山的後面是什麼，他可能瞞著父母，不理會山中危險的警告，翻山越嶺直到登上山頂，向遠方望去。原來山的後面是一座又一座的高山深谷，和山的這邊一樣是樹木蔓延，沒有什麼差異，直到天邊。即使沒有任何新發現，也一樣滿意微笑。然後燃起新的好奇心，「天邊的那座山後面，究竟有些什麼？」這樣的好奇心，跟其他欲望一樣無窮無盡。

這是人類的求知慾，沒有特定目的，不是為了達成什麼了不起的救國救民雄心壯志，不是為了溫飽、不是為了家人，更不是為了全人類與世界和平，而是僅僅為了「我想知道」。

然而，這種單純為求知而做的冒險，卻可能意外帶來重要成果。例如：如果山中少年發現山的後面有很多野果，那麼，這個知識在平時物產豐饒時雖然無用，但鬧飢荒時，就是一個可以解救眾人的知識。

在哲學剛萌芽的古希臘時期，求知本身就是為了樂趣、為了滿足好奇心。當時發展的許多知識，至少對那個時代來說並沒有什麼用處，例如：究竟是太陽繞地球、還是地球繞太陽？不管誰對誰錯，這樣的知識有何用處？然而，隨著科學日漸發展，我們發現許多知識的用途，於是藉由這些新知，開展出人類最新的文明。文明的源頭，並不是預知了知識的力量，而是人類天生對知的渴望。

問題與思考

1. 人們為什麼會想要追求知識？

(1) 因為知識很有用。請舉例知識有什麼用處？是否有沒用的知識？

(2) 因為要考試。為了考試而學習的知識，其價值為何？有哪些知識是無法透過考試衡量的？

(3) 因為知識很有趣、很想知道。請舉例說明自己想要知道哪些知識？

(1) 無用的知識：一億光年外有顆星球上面的石頭都是黃金和鑽石。
(2) 為了考試而學習的知識，主要在於可背誦的知識，像是歷史、地理，其實都很有用。無法透過考試衡量的知識，像是對人生的領悟、對人性的把握、與人相處能力的相關知識等。
(3) 排除可以獲得利益的知識，以單純的「想知道」來說。例如：想要算命了解各種未知、颱風是否會登陸、誰會贏得戰爭、宇宙到底有沒有邊界、地心是否有生物存在？

2. 培根說：「知識就是力量。」猜猜看他會這麼說的可能因素為何？

(1) 培根發現電力相關知識很有用。
(2) 培根發現蓋摩天大樓的知識很有用。
(3) 培根發現細菌相關知識很有用。
(4) 以上皆是。
(5) 以上皆非。

(5) 以上皆非。培根生活的十六世紀並沒有這些知識。

3. 大多數人對明星私生活的知識很感興趣，但對生物學、物理學等卻比較不太感興趣。試著想想看，為什麼會這樣呢？

二、我們可以知道些什麼？知識的極限在哪裡？

試著想一想，目前有哪些知識自己覺得很確定？再進一步想想，這些知識是否仍有可被懷疑的空間？是否有什麼知識不管自己是否已經具備，但可以確定一定是正確的？

通常我們會把一個稱為「知識」的訊息視為「事實真相」。如果訊息是虛構的，我們不會用知識來稱呼它。就像若我昨天騙你今天凌晨是世界末日，你不會認為自己具備「今天凌晨是世界末日」這個知識。

當然，昨日的事實可能是今日的謊言。昨天被當作知識的東西，今天可能摔落神壇，不再具備知識的地位。例如：「地球是宇宙的中心。」兩千多年前，這句話從古希臘哲學家亞里斯多德口中說出時，它是知識；但若現代人這麼說，會變成騙小孩的把戲。然而，如果再過五百年，是否有機會逆轉呢？今日的謊言，是否可能成為明日的知識？誰也說不準。說不定真有這麼一天，我們發現地球是宇宙中唯一具有意識生物的地方，而且若以意識程度取代空間的衡量標準，或許地球真是宇宙中心也說不定。

那麼，我們或許會想問一個問題，有沒有什麼東西，我們可以把它當作是事實真相，直到永遠都不再改變。也就是說，這個知識是真的知識，不因時代的變革而改變身分。

確定知識的探尋

或許只有這種確定的知識不會隨時間改變，才能算是真正的知識。這種知識可以用另一個名稱來稱呼，此即「真理」

（truth）。不過，「真理」這個中文詞彙或許過於沉重，好似談論什麼人生大道理才會使用。這種沉重感會讓人覺得真理遠在天邊、遙不可及，是一個難以接近的神祕事物。但是，如果從古希臘最早的哲學起源來講，真理並沒有這種神祕色彩，它很親民，就在我們四周隨處可見的地方，我們每天都在尋找它、發現它；因為真理就是真相、事實。

當你懷疑情人正在和他人約會時，你會渴望發現真相，不管真相是否殘酷，都會想知道。當飛機失事時，父母擔心飛機上的孩子是否平安，不管真相如何，都渴望儘快獲得消息。這些時候，我們都在尋找真理。或者用更貼切的中文來說，我們都渴望知道事實真相。這些真相一旦揭發，大多可以確定未來不會再改變，它們都是確定知識的一部分。

但是，當我們對世界有更進一步的認識之後，便會發現這些已經被確定的知識，好像也不是這麼確定。舉例來說，如果我們導入平行世界的觀點，假設飛機失事的瞬間產生了兩個平行世界，在我們現在生活的這個世界裡，某人的孩子因飛機失事而死亡，但在另一個世界裡，他卻獲救了。那麼，他究竟是生還是死呢？

或許我們會說，「他在這個世界是死，但在另一個世界是生。」但是，這樣的說法必須先把這個人當作可分割的兩人。如果從當事人意識延續性的角度來說，他一直都是同一個人，那個世界其實就是他原本的世界，反而我們這個世界才是多出來的。對他而言根本就不曾存在另一個死去的身體，而是在當事人的意識之外，額外多出一個不再有他的世界罷了。那麼，從我們的角度來說，或許更恰當的說法是，他並沒有死，而是進入另一個世界持續他的人生。

或許有人會說，這種平行世界觀點太離奇了，根本不是事實，所以才會產生這種奇怪的論調。但是，這很難說，雖然平行世界理論在被提出後的數十年間，一直被視為科幻小說的題材，但在最近幾年的科學發展，反而有入主主流科學的趨勢。誰知道它未來會不會變成一個多數人接受的主流世界觀呢？不管會不會，只要有這樣的可能性存在，我們就無法確定什麼是唯一確定的事實真相。

依據不同的世界觀，事實真相便有所不同。要判斷一件事情的真與假，還要看這件事情是在什麼樣的世界觀中被描述，但由於我們可能永遠無法確認什麼樣的世界觀才是最終真理，於是，想要判定一件事情是最終事實真相，就變得永遠不可能了。

也就是說，如果我們要把這種可以確定的「最終事實」當作知識的必要條件，那麼，我們可能永遠無法獲得任何知識。既然如此，就放棄這樣的定義吧！只要現在我們認為它是對的，就先當它是知識。只不過，我們需要知道在這樣的定義中，所有知識的身分都是暫時的，它們都有可能在未來失去知識的身分。

知的盡頭

除了無法確認最終事實之外，我們的知識明顯還有界線。意思是說，知的領域是侷限的，有些事情人類永遠無法知道。不僅是因為錯過了得知的機緣而無法知道，而且是根本上超出我們可以認知的極限而無法知道。

這個主張一般稱為「不可知主義」（agnosticism），意思是說有些知識無論有多好的得知機緣，都不可能獲得，甚至就算無意間獲得，也無法理解。這其實是個很簡單且顯而易見的觀點，但第一次聽聞此事的人大多會大吃一驚。

哲學上若要主張某些知識永遠無法知道，必須要有很好的理由。我們不可能只是因為目前無法得知，便斷言永遠不可能知道。也不應像那些不負責任的懷疑主義者，光是要求他人舉證，然後不斷追問「我懷疑！」「如何證明？」而主張一切知識皆不確定；這樣的懷疑並沒什麼太大意義。

尤其「永遠不可能知道」，這句話其實讓人感到很不舒服，而且似乎過於傲慢。誰敢說人類的未來有什麼限制呢？如果某件事情是事實真相，怎麼可能會永遠無法知道呢？

科學家愛因斯坦或許就是這種不可知主義的反對者。針對量子力學所提出的不確定性原理（測不準原理）的主張，粒子的位置與速度無法同時被確定，因為兩者不確定性的乘積大於或等於一個確定的數值。也就是說，如果粒子位置的不確定性越小，則速度的不確定性越大，反之亦然。既然無法被確定，也就無法被知道了。

愛因斯坦始終不相信這種觀點，並且主張上帝不會丟骰子。但事與願違，這個世界顯然不像我們期待的那般完美。至今為止，量子力學仍舊是勝利的一方。但量子力學並不是很好的例子，因為「不確定性」有可能就是事物的真相，並不必然表示有個真相在那裡，但我們卻無法知道。

在不可知主義中，有個很有趣的例子是主張意識真相的知識不可知。理由的關鍵點在於我們對意識的認識主要來自於主觀認識，而我們對知識的期許在於客觀知識。所以，當我們認為意識的產生來自於大腦的作用時，就會期待藉由大腦作用的知識來解說意識的形成。但是，不管什麼樣的大腦知識，都不可能清楚點出意識的源起。也就是說，在我們能夠理解的領域裡，大腦客觀知識和意識主觀認知的連接是永遠不可能達成的。這種無法企及的距離有個名稱叫做「解釋的鴻溝」（explanatory gap），這個鴻溝無法以可理解的知識型態跨越。簡單的說，這座可供思維通行的橋，永遠不可能建造起來。

那麼，我們便永遠無法理解大腦如何產生意識。而這樣的問題，也被賦予另一個專有名詞：「難題」（the hard problem）。意思是說，這是人類面臨的真正難題，比過去認為最困難的生命起源問題都還要更困難。除了表達問題的難度之外，這個專有名詞的另一個目的在於區別腦科學中所謂的「簡單問題」（easy problems）。也就是腦科學中找出各種意識現象與大腦作用在因果關係上的對應性問題。例如：痛發生在大腦哪個部位？什麼樣的大腦神經作用會產生劇痛、微痛等，這些問題被稱作簡單問題，雖然實際上並不簡單，但至少在我們的想像中，是有機會完成的研究工作。但若要回答「這樣的腦神經作用是如何產生痛」，則為難題，我們甚至連想像都難以找到可能的解答。許多哲學家認為，「難題」是人類永遠無法解決的問題，這個知識超過人的認知能力，屬於人類知識極限外的領域。

然而，面對「有些知識超過人類知識極限」這樣的看法，對於身為萬物之靈的我們來說，或許有點難接受。但仔細想想，好像也沒什麼好奇怪的。其實十八世紀德國哲學家康德（Immanuel Kant）的《純粹理性批判》（*Kritik der reinen Vernunft*）一書就已經明白揭示這項人類認知能力的有限性。

康德談知識的極限

康德在仔細分析人的知性能力之後發現，實際上我們不是真的在認識客觀真實世界，而是把真實世界的訊息塑造成以我們天生認知框架的可理解模式來了解。

舉例來說，客觀世界中並沒有所謂的顏色，顏色是我們心中製造出來的東西，我們可以用各種顏色來認識世界，但世界真實訊息裡並沒有這些東西，頂多可以說是有光波波長，但在認知的世界裡，波長和顏色是完全不同的東西；而我們也難以跳脫顏色來認識萬物。

其他像是「因果關係」、「時間」與「空間」等觀念，都不保證存在於真實世界之中，而是我們用以認識事物的基本認知框架，跳脫這些框架，便難以產生認知。試想一下，一個沒有原因、無中生有的東西，或是一個不在時間之中，不占據空間的事物，這些想像都很難在腦中成形。如果真實世界的事物屬於這個框架之外的存在，我們便無法理解。

另外，就算世界上真的有因果、時間與空間，也未必就和我們先天的認知完全吻合，任何一點點不同，都可能導致我們錯誤認識真實世界。而且，最重要的問題在於，我們永遠無法確認人類先天的認知框架和這個世界的真相是否完全吻合；也無法確認、排除真實世界是否存有超出我們認知框架的東西。

即使在認知框架之內，也具有一些永遠無法認識的事物。就像夏蟲不可語冰，我們如何知道無限宇宙的未來會發生什麼轉變？而在廣闊的空間裡，我們能觀察的範圍是宇宙起源後到現在為止光能行走的距離，也就是大約 138 億光年的空間範圍，超過這個範圍，屬於永遠無法觀測的世界，那也一樣是我們的認知界線。

如果把世界最大的美國國會圖書館接近兩億藏書當作人類現有的全部知識，就算每天讀一本書，也要花費數千個人生才能讀完。而許多科學家仍如牛頓一樣感嘆，人類「已知」的知識，如滄海之一粟。

「已知」，實際上只是所有人類可知領域的一小部分而已。人類未來將會繼續發現各種「可知的未知」。然而，人類知識還有其盡頭，盡頭之外還不知是多大的世界。從這個角度來觀看自己的知識，就會深深感到汗顏。在此視域下，怎麼還會有人能夠自信滿滿地自認為站在真理的一方，而去指責他人的錯誤呢？

問題與思考

1. 數學是否有可能是錯的？例如：三角形內角和等於 180 度，這是否為不會改變的真理？

這要看是在哪個世界觀之中。如果是在黎曼幾何所描繪的曲面世界裡，三角形內角和有可能大於也可能小於 180 度。

2. 試思考以下論證是否有問題：如果主張「真理絕對不存在」，那麼，我們可以問這個主張是否就是真理？如果不是的話，那表示這句話是錯的，這麼一來，真理是存在的。如果是的話，這句話主張本身就是真理了，那也表示真理存在。所以，無論如何，真理都是存在的。於是我們證明了真理存在。

這個推理預設了邏輯的「排中律」（P與-P至少有一為真，亦即「是真理與不是真理至少有一為真」），但排中律是真理嗎？如果是的話，那推理本身已預設真理，預設真理後推出真理存在是無意義的。如果排中律不是真理，那我們又如何能用這個法則來證明真理存在呢？

3. 試思考「有一些知識是我目前所不知道的。」這句話是否為一句絕對不會錯的真理呢？是的話，我們就找到一個真理了。不是的話，在什麼情況下，這句話有可能是錯的？

如果佛學講的一切皆空是真理的話，那可能沒有任何一句話符合目前知識的定義，也就是說，在目前對知識的定義下，其實根本沒有所謂的知識。那麼，這句話就是錯的了。

三、求知之路的盡頭：「最終知識」

曾經，人類以爲已經掌握了大部分的知識。但一個新發現，便可能讓未知多於已知。在什麼情況下，我們才有可能確認這樣的「新發現」不會再發生？

「由於不同的世界觀會讓我們用不同的標準來衡量事實真相，而且由於我們永遠無法確認哪一種世界觀是正確的，所以我們永遠不可能獲得確定的知識。」上面這個觀點，可以說是對知識的澈底懷疑，完全無法確認事實真相。甚至可以說，沒有任何東西可以稱之為事實真相。

然而，這個觀點本身是否毫無可懷疑的空間呢？如果是的話，那似乎會遇到一個有趣的悖論：

A：眞理不存在。

B：眞理不存在這件事情是否有可能改變？

A：不可能。

B：如果不可能改變，就代表它一定正確。這麼一來，「眞理不存在」這件事情本身就是眞理。所以，眞理存在。

A：喔！那有可能改變好了。

B：如果有可能改變，那就表示眞理有可能存在。也就表示「眞理不存在」的主張是錯的，所以眞理存在。也就是說，不管「眞理不存在」是對或是錯，眞理都存在。

這個悖論很有趣，從主張「真理不存在」，竟然推出「真理存在」。這個現象表示，「真理不存在」這個敘述本身是自相矛盾的。

這個推理看起來跟說謊者悖論很像。假設有人說，「我現在正在說謊。」那他所說的這句話是真話還是謊話呢？如果是真話，那他就是在說謊話；如果是謊話，那他便是說了真話。無論如何都會導致矛盾。

兩者實際上只是看起來很像，但實質上不同。因為這個真理悖論其實是個不當推理。不當之處在於這個推理本身就已經預設「真理」存在了。在一個已經預設了真理存在的推理中，推出真理存在，這樣的推理當然就沒什麼意義了。

那麼，這個推理預設了什麼真理？大多數人應該看不出來，因為所預設的東西太過符合我們的直覺，以至於不會覺得那是一種預設。這個預設可以說就是邏輯；或講得更精確一點，這個推理預設了邏輯三大基本定律之一的排中律：一個陳述不會既非「是」亦非「不是」。簡單的說，真理要嘛存在，要嘛不存在，不會既不是存在，亦不是不存在。

這個預設在大多數的推理是沒有問題的，但由於推理的內容本身包含了「真理」一詞，就不得不考慮這種預設了。簡單的說，我們無法用邏輯推理去證明真理存在，因為這個證明本身就必須先預設邏輯推理公式是真理才行。否則，我們憑什麼相信不是真理的邏輯公式可以推理出真理存在呢？既然我們無法藉由邏輯推理推出真理存在，那退一步來思考看看，真理是否有可能存在？

真理是否有可能存在？

在科學的進展中，有一個名詞叫做「最終科學」。簡單的說，就是科學研究走到了最終點，一切已經研究完畢，不會再有新的發現了。如果真的到達這個程度，那就表示我們對事物的認識已經完全，未來不會再有新的發現。在這種情況下，我們所知的一切，將全部都是真理。這真是一個太美好的願景了，但這個願景是否有實現的一天呢？

話說十九世紀末知名物理學家克爾文爵士（Lord Kelvin）在英國皇家研究所的新年慶祝會上說：「物理學的大架構已經完成，只剩下一些填補細節的工作要做。」簡單的說，他認為科學的根基已經邁向終結。然而，他也強調，有些小地方仍然烏雲籠罩，且需要釐清。

這些烏雲代表著一些當時無法解釋的現象，像是 X 光之類的奇特現象。然而，在科學家釐清這些小烏雲的過程中，卻發現這些烏雲其實是通往新世界的通道，開拓人類視野望向微觀世界的新物理學，並衍生出日後的相對論與量子力學。到頭來發現到的未知比已知的還要多更多，而已知的大架構還被顛覆得不成樣子。就像有個笑話所說的：「街上有間房子的門歪了，克爾文爵士認為只要把門修好關上，整個物理學就完成了。但當愛因斯坦走到門口，發現門並沒有歪，是房子歪了。」

門被比喻成一個與當時科學觀格格不入的觀察證據，而房子代表著當時的整個科學觀。這場科學知識的革命，讓人們重新理解這個世界。這個科學史案例的出現，不禁讓我們感到懷疑，究竟要到什麼樣的進展，才能真正確認普世真理。

科學發展到達不了真理

當代哲學家孔恩（Thomas Kuhn）則在《科學革命的結構》（*The Structure of Scientific Revolutions*）這一經典著作中主

張，科學的發展，尤其針對那種稱為典範轉移（轉換完全不同的世界觀在看世界）的大規模革命性發展，由於裡面包含太多非理性因素，例如：一個大科學家因為一時的宗教信仰而改變立場，就能相當程度地影響科學革命的發生與否。所以，孔恩認為科學發展並不是累積性的，不是越堆越高就越接近天際的真理發展模式，甚至談不上什麼進步，只是換個角度看世界而已。所以，科學的進步與真理無關。

或許這個想法過於極端，就算科學革命的發生具有非理性因素，但並非全部，總是有理性因素在裡面，像是缺乏證據的主張讓人難以信服，而成功的實驗數據，總能強化支持度。這些理性因素，就能指向一個進步的方向。只要有這樣的方向，就是一種邁向真理的進步。

所以，現代科學哲學家波普（Karl Popper）主張科學發展是朝真理的方向前進的。但是，他也指出一項科學的致命問題。他認為，具有普遍性的科學命題，像是「所有烏鴉是黑的」，是不可能證明為真的，因為我們永遠無法確認是否還有沒被觀察到的證據。但這樣的命題是可以被否證的，只要找到一隻非黑色的烏鴉，就能否證「所有烏鴉是黑的」這個命題。

於是，波普認為，「否證」才是科學的主要特徵。任何科學命題，都是屬於「有可能被否證」的命題，所以像那些自我定義或自圓其說的宗教觀，就不足以稱之為科學。

從這個角度來說，科學的根本特徵在於「有可能錯」，但是，只要累積越多的證據，這種可能性就越低。就像找到越多黑色的烏鴉，就越能支持「所有烏鴉是黑的」。所以，科學發展可以趨向真理，但永遠無法到達。

在一個定義好的系統中，例如：在數學的架構上，1+1=2 是一個不變的真理，這是沒有問題的。但是，這樣的真理來自於我們的定義。在定義中，就已經確認它的正確性。這樣的真理，並不是我們真正要尋找的。

我們期待的真理，是這個世界的真相，是在沒有任何預設的角度上呈現出客觀的真相。然而，究竟有沒有這樣的東西呢？當我們的思路走到這裡，便將展開一段黑暗旅程，因為，前方沒有前人開拓的疆土供我們遊覽，那是屬於人類思想的冒險領域。

問題與思考

1. 孔恩認為科學革命只是換個世界觀看世界，但實質上無法確認那個世界觀為真，但真是如此嗎？例如：哥白尼用地球自轉而非太陽繞地球來解釋日出、日落現象。這是從「地球中心」轉成「太陽中心」的不同世界觀，這場科學革命是否算是一個進步？是否更接近真理？有沒有什麼好的理由？

2. 邏輯三大基本定律除了排中律之外，還有哪兩個？

同一律與矛盾律。同一律要求在一個推理中，同一個概念或是符號都必須保持相同的意義。矛盾律主張矛盾一定不能成立（P 與非 P 不能同時成立）。

3. 你是否相信科學發展總有一天可以知道世界上的一切？理由為何？

四、潛藏在認知裡的「錯誤知識」

從古至今，人們因爲「誤以爲」而遭受各種損害。輕則失去財物，重則損兵折將，甚至滅國。每個人一生中，也不斷因爲「誤以爲」而遭受損失，未來也必將持續。最可怕的是，在「誤以爲」的當下，卻自信滿滿。

「在你的現有知識中，裡面包含了許多的錯誤，只是你不知道，而且你誤以為它們都是正確的。在發現錯誤之前，你將繼續依據這些假知識，做出人生中重大的決定。」

如果聽到這幾句話，你認為這是在說你嗎？多數人應該都不會對號入座，理由很簡單，因為我們習慣忽視看不見的東西。除非特別運用理性能力去想像，否則看不見自己的無知。但忽視不能改變任何事實，有就是有。而且我可以百分之百確信，每個人（即使是全世界最偉大的學者、邏輯學家）大腦裡都藏有許多不自知的錯誤知識，而且依據這些知識做出人生抉擇。

看到這裡，或許你會以為我是指那些全人類都還搞錯的知識吧！例如：幾年前多數人相信科學家所主張的「多吃幾顆蛋對健康有害」，搞了半天原來是錯的。從這個角度來說，每個人都犯了一樣的錯。這種錯誤當然存在，也一定不少，但這不是最要緊的。因為這種錯誤很難改善，屬於人類現有知識的極限，是個人無力改善的範圍。

我在這裡想要討論的，是可以改善的問題。即使忽略人類的未知，依據現有知識為標準，每個人還是都具備錯誤知識而不自知，而且錯的地方不盡相同。如果我們可以和電腦一樣，快速互相比較不同人的所有知識，就很容易發現自己弄錯的地方。但很遺憾地，我們無法這麼做。

如果你問我為什麼對這個主張這麼有把握，我想用一個比喻來回答：「當你在風狂雨驟的天氣裡撐傘走出戶外，我確信你一定會被雨水濺到。」假知識就像雨水，傘就像是分辨對錯的理智，雖然有雨傘作為防護，即使傘又大又好，走在雨中小心翼翼，但在不知不覺中，仍然逃不過假知識的雨水侵襲。如果你可以看見這場導致錯誤知識的狂風暴雨，我相信你會和我有著一樣的感受。即使沒有看見哪裡沾到雨水，也相信不可能全身而退。

假知識遍地開花

在當今資訊爆炸的時代，我們每天要接收數不清的訊息，即使有很強的分辨能力，也難逃錯誤訊息的侵襲。舉例來說，許多人有著「味精吃多了會導致癌症」的知識。這個知識最早來自於美國科學實驗室的研究報告，新聞一出導致很多人不敢再吃味精。當年在美國風靡一時的中國餐廳首當其衝，紛紛放棄味精調味，趕緊在門口貼出無味精的標示。

然而，幾年過後，有人仔細回頭檢視這個研究報告，卻發現裡面很有問題。第一，這個實驗的出資者是美國速食業者，也就是中國餐廳在生意上的主要對手，打擊中國餐廳對他們有利。第二，這個實驗是用白老鼠，但餵食的味精卻是一般人類的攝取量，沒有依照體重比例修正。於是，他們主張這個實驗的結論應該不能只說：「味精攝取過量會致癌」，精確來說應該是：「如果你每天吃兩公斤的味精，連續吃兩個月，那麼你有較高的機會得癌症。」從這個角度來說，這個實驗基本上是沒有意義的，因為根本沒人會吃這麼大量的味精，就算有，也不太可能以為這是健康的吃法，何況還要連續吃兩個月才符合原本的實驗標準。

一般猜測，這個實驗可能不是單純無意間造成的錯誤，而是有金錢在背後操作、刻意打壓中餐廳的實驗。姑且不論這個猜測是否正確，重點在於當有人揭發這個實驗不當之處，並且將事實真相澄清之後，它卻因不夠聳動而無法成為大新聞，以至於很少人知道這個修正。也就是說，在媒體沒有努力澄清的情況下，許多人誤信了一個假知識，在沒有任何契機可以澄清之前，都會繼續抱持這個知識面對生活。

這類被刻意造假、扭曲的知識充斥在我們四周，無論是為了商業目的、政治目的，或甚至只是為了好玩，都穿著讓人容易相信的外衣，趁機竄入我們的大腦。當我們日日徜徉在訊息肆虐的狂風暴雨中，由於無暇仔細過濾每一個訊息，就讓虛假與錯誤有機可乘。

就算邏輯直覺挑出了感到可疑的訊息加以檢視，也未必有足夠的能力發現其錯誤。何況人還有某些非理性的習性，容易選擇去相信一些符合自己立場、讓自己感到愉快的訊息，即使明明看起來就很假，也一樣照單全收。就這樣，人們遭受如雨水般虛假的訊息滲透、淋溼，造成思考的病態，卻仍渾然不覺。

自己也會製造假知識

除了被他人刻意造假的知識之外，還有許多錯誤知識是自己製造的。當然我們不是故意要騙自己，而是人類的認知功能實際上並不完全依照正確的邏輯，有許多推理漏洞會讓我們產生錯誤信念。

多年前馬英九先生擔任總統時，他鬧了一個小笑話。他說，鹿茸就是小鹿耳朵上的毛。鹿茸其實不是鹿毛而是鹿角，一般認為這是一個很普通的知識，所以當身為總統的人說出這樣的話時，就遭人笑話。但實際上，這類錯誤實在沒什麼好笑的，因為在每個人的腦中這類錯誤一定都有，差別只在於有沒有被發現，以及是在什麼情況下被發現。如果馬前總統說出這個錯誤知識是在家庭聚會或是與朋友們聚餐時，而不是以總統身分發言，那就一點問題也沒有，搞不好大家還會覺得這樣的誤解真有趣，或是覺得他很幽默。

那麼，這種錯誤知識究竟從哪裡來的？答案很簡單，這不太可能是學來的，而是自己製造的。製造過程也不難推敲，因為「茸」這個字是「耳朵上有草」，把草解讀成毛是很合理的想像，於是鹿茸不就變成鹿耳朵上的毛了嗎？這種望文生義、自以為是的作為，其實我們幾乎每天都在做，只是不一定會意識到這個理解可能導致的錯誤。舉例來說，當我們遇見一個沒學過的專有名詞時，自然會從文字本身來解讀。在哲學上，很多人都自以為了解文藝復興時代哲學家笛卡兒（René Descartes）的名言「我思故我在」，從字面上來解讀，常常就會變成：「人類的存在價值在於思考，不思考就失去存在的意義了，所以思考很重要。」

看到這裡，或許有人會嚇一跳，「什麼！這竟然是錯的嗎？」是的！它是錯的。而且如果你知道「我思故我在」原本的意義，你會對這樣的解讀感到好笑，因為它跟「思考很重要」一點關係都沒有。

這種錯誤的製造工廠，可以稱之為「**把合理當正確的謬誤**」。也就是我們很容易把一些看起來很合理的推測，直接就當作是正確的。而這樣的想法、觀念，如果沒有立即發現錯誤，就會逐漸深入到思想的核心，忘了自己只是猜想其意涵，還以為自己真的了解，於是被當作知識對待，開始影響生活。如果有一天去見未婚妻的父母，碰巧老丈人是個哲學家，說不定就很自以為是的講起了笛卡兒。很多事情不懂並不是問題，但不懂卻自以為懂，就會是個問題。

「把合理當正確的謬誤」只是一個讓自己製造假知識的工廠，其他還有很多，像是最大而且最麻煩的工廠是**「輕率因果連結的謬誤」**，就是我們平時不會用科學方法去檢驗各種因果解讀，所以常常會製造錯誤因果而不自知。舉例來說，有朋友得了某個重病，而後吃了某種東西痊癒了，就很容易認為是吃了這種東西而痊癒。去某個廟裡拜拜後，許願成真，自然就會覺得願望成真是由於許願造成的，於是覺得這間廟真靈。諸如此類，我們在生活中常常訴諸因果解讀，但實際上，這些在時間上前後發生的事情，並不一定有因果關係。也就是說，病好了不一定是吃了那樣東西所導致，而願望成真也不一定是許願造成的。

在人際關係中，這種情況又更嚴重了，夫妻失和、朋友決裂、親子關係惡劣、男女朋友想要分手，遇到這些事情，我們都會訴諸一些因果解讀，這些解讀有可能是誤解，但也有可能是對的，但即使是對的，也往往過於簡化，以為單一事件或是單一個性就會導致這些後果。實際上，人際關係複雜多變，要好好釐清裡面的所有糾結並非易事。但沒有人真心想要破壞任何一種人際關係，若人真能互相了解，問題往往都能迎刃而解，但世界的真實樣貌卻是衝突不斷。這個現象就明白顯示出假知識所造成的危害有多大，以及有多麼難以自覺了。

致命的假知識及其源頭

我們可以來看一個可能發生的有趣例子。

有一天小華被 A 毒蟲咬到，但因為 A 毒蟲咬到比較無感，所以自己並不知道。但過了幾天，因身體不適所以去看醫生。

另一個人大明也被 A 毒蟲咬到，一樣無感，但過了幾天，他又被毒性比較低的 B 毒蟲咬到，被 B 毒蟲咬到很痛，所以立刻就發覺了，並且捉住了 B 毒蟲。之後感到身體不適而去看醫生，然後拿著 B 毒蟲跟醫生說：「我被 B 毒蟲咬傷，並且感到身體不適。」

假設被 A 毒蟲咬傷有可能致命，但 B 毒蟲無害。請問小華和大明哪一個比較危險？

在這種情況下，醫生可能會發現小明是被 A 毒蟲咬傷而趕緊住院治療挽回一命。而大明可能會陰錯陽差地被誤認為身體不適是因為被無害的 B 毒蟲咬傷，開個藥就回家休養，於是面臨生命危險。

人世間有許多機緣巧合，這類陰錯陽差的錯誤因果解讀其實常常發生，甚至很難避免，有時只是帶來一點點禍害、麻煩、困擾、誤解，也一樣能得過且過。但能預防的越多，生活自然能更愜意。何況大麻煩、大困擾、大誤解也會在某個時機點上突然出現，如果能避開，那就真是萬幸了。

這種會製造假知識的工廠，源自於我們天生的認知能力有邏輯上的漏洞，在心理學上一般稱之為「認知偏誤」。而依據這些認知偏誤所產生的各種推理型態，在哲學上稱之為「謬誤」。所謂謬誤，是指似是而非的推理。因為「似是」，所以我們很容易掉入思考的陷阱而弄假成真。

由於謬誤是天生的思考習性，無法根除，在人的一生中，會持續不斷藉由謬誤製造假知識，然後深受其害。然而，雖然我們無法根除謬誤的思考，但可以學習認識謬誤、以及提升偵測謬誤的敏感度，就像在知識工廠增加一個強大的品管部門一樣。只要謬誤推理一出現，就立刻抓到它，不要讓其所生產的不良知識進入我們的大腦裡，成為知識的一分子。

要提升這種偵錯神經，需要學習辨識各式各樣的謬誤型態，由於涉及內容過多，就不在此詳談了，若有興趣，可參考我寫的另一本著作《邏輯謬誤鑑識班》。

失真的知識

另一種錯誤知識型態，可以稱為失真知識。從原本可能是對的知識，但經過不太好的保存或傳遞過程後，變成了錯誤知識。由於保留了一開始對這個知識可信度的好印象，所以容易讓我們失去戒心。

舉例來說，我在剛入學臺大哲學系沒多久的某一天，遇到了一個驚奇。那天傍晚，我路過文學院，看見一間教室內外擠滿了人，教室內傳來宏亮的講課聲，以及學生的歡笑聲。我好奇探頭，從人群的空隙往內看，想知道是在上什麼課，但很難找到可以看得清楚的空隙。於是我問旁人：「這是什麼課？」

「知識論。林正弘老師的知識論。」

於是我記住了這位老師的名字，後來這位老師也對我有著深遠的影響。幾十年後，林老師不幸因確診新冠肺炎而去世。在寫我的懷念感言時，便把這段和林老師初次邂逅的故事寫了出來。寫出來後，有人跟我說，那堂課應該不是知識論，而是別的課。我聽了嚇一跳，在我的記憶中，明明就是知識論啊！但聽了對方分析的理由之後，才慢慢開始感覺到，說不定我真的記錯課名了。

為什麼連在我生命中這麼重要、印象這麼深刻的一件事情都有可能記錯呢？後來想想，課名是什麼其實並非當時印象深刻的重點，只是伴隨著的記憶。而在林老師各種專業中，我獲益較多以及接觸較多的便是知識論。所以，有可能在某個時間點上，林老師講解知識論的畫面和那個印象深刻、但卻沒看到授課老師的記憶結合起來，便開始誤以為當時那門課是知識論。而我每次很有自信地跟人講述當年的驚奇時，便一再強化記憶，告訴自己那門課就是知識論，久而久之，記憶就把它當真了。類似這種記憶的修改效應，在心理學方面的研究很多，已不再是奇怪的事情。且由於是自己的親身經歷，所以非常確信。

另一種知識的失真，在於傳遞上出了問題。小時候很多人都玩過一種遊戲，一張紙寫了一段話給一個人看，這人看完後，輕聲告訴下一個人，等到一列十個人傳遞完畢，最後一個人再把他聽到的唸出來。雖然偶爾也會有字句意義仍舊保持不變的情況，但大多會改變到令人匪夷所思的地步而使眾人開懷大笑。

其實這種傳遞還是屬於較為安全的，至少不會有各種刻意扭曲意義的人性介入。當人類各種七情六慾介入訊息傳遞時，自然會避重就輕，甚至擅自編修，傳了幾回，便會出現更加荒唐的結局。這也是為什麼人們主張不要隨便聽到別人說什麼就相信，就算這個人確實沒有要騙你，也可能因為傳遞的過程出問題而產生扭曲、甚至到完全錯誤的地步。但由於訊息最初是「別人親耳聽到的」，屬於可信度很高的來源，所以也會讓我們缺乏防備心，誤入假知識的陷阱。這整個傳遞過程即使沒人刻意造謠，也一樣會演化出和真相差距十萬八千里的流言，更何況刻意偏袒、扭曲、誇大，甚至添油加醋後，將會更容易出錯。

以上幾點只是列舉幾項主要的錯誤知識源頭，如果可以深刻體驗這幾點，應該足以了解這場錯誤知識的暴風雨有多強烈了，更何況錯誤知識的源頭其實還有很多。

問題與思考

1. 試舉出自己所知但本文沒有談到的認知偏誤、邏輯謬誤，或是其他產生錯誤的來源，並提出實例討論。

2. 是否曾經聽人說了什麼之後覺得很可疑而去查證，查證後發現傳言有誤？請分享經驗，並探討問題來源。如果沒有這樣的經驗，試著去查證過去聽到的可疑消息，並分享心得。

3. 是否曾經擁有錯誤知識，過了很久才發現。請提出分享。

4. 試著尋找目前仍舊擁有卻不知道的錯誤知識。如果可以找到，也請分享是什麼知識，以及尋獲的方法。

第二篇

知識的種類

不能說的，就保持沉默。

——維根斯坦（Wittgenstein Ludwig，公元 1889-1951）

一、知識區分成「知道什麼」與「知道如何」

如果有一種知識稱之爲「生命的意義」，這一定不是那種可以簡單說清楚的知識，否則古人早就說清楚了，而我們也早就學會了。或許，根本沒有這種知識，也或許這是一種特殊型態的知識。

當我們在談論知識時，其實大多時候都在談論那種可以用語言表達清楚的知識。這些知識可以被寫進書裡，以及在課堂上傳授。像是「木星是氣體行星」、「愛因斯坦反對量子力學」、「芭樂含有比檸檬更豐富的維生素 C」、「味精並非致癌食品」等，這些都是一般我們談論的知識，並在生活中加以應用。

然而，二十世紀英國哲學家賴爾（Gilbert Ryle）在《心的概念》（*The Concept of Mind*）這本書中，將知識分成兩種主要類型，即「知道什麼」（know-that）以及「知道如何」（know-how）。

「知道什麼」這個類型也稱之為事實型知識（factual knowledge），也就是前面所說的那種可以用語言輕鬆表達的知識型態。「知道如何」這種類型一般也稱之為實踐型知識（practical knowledge），這種知識型態比較像是一種經過反覆練習而學會的技能，學會之後可以在不加思考的情況下運用自如，但很難用語言說清楚；最簡單的例子就是知道如何騎腳踏車的知識。

「知道如何騎腳踏車」，就是具備一種「知道如何」的知識。這種知識無法經由語言清楚表達，無法在一般課堂上傳遞。對於不會騎腳踏車的人來說，不可能只聽老師講解如何騎腳踏車就學會這種知識。想要具備這種知識，一定要去實踐（練習），經由反覆練習，慢慢琢磨到一些很難用語言表達的感覺，像是在腳踏車上的平衡感，然後在摸索中慢慢體會其中奧妙，到了某個時間點，突然有種融會貫通的把握，發現一種能夠掌握騎腳踏車的體驗，於是最終學會了這個技巧，也就獲得如何騎腳踏車的知識了。

當代哲學家波蘭尼（Michael Polanyi）特別針對此類知識做研究，並將其稱為「靜默之知」（tacit knowledge），也就是需要默默體會的知識。在心理學的研究上，則常稱之為「隱性知識」（implicit knowledge），這個詞是相對於「顯性知識」（explicit knowledge），其實意思都是針對是否能被語言清楚表達所做的區分；容易說清楚就是顯性，很難說清楚就是隱性。

不同知識型態需要有不同的學習方式

這種關於知識的區別有一個很重要的價值。由於不同知識型態適合用不同的學習方式，所以，先弄清楚我們想學的知識究竟屬於哪一種，才比較容易掌握到適當的學習方法，以免學了半天卻事倍功半。

舉例來說，學習英文時，究竟在學習哪一種知識呢？當然，語言能力這個知識同時具備事實型知識和實踐型知識。也就是說，學習英文除了需要記憶像是單字與文法的事實型知識之外，還需要學會一種不容易說清楚的、如何在生活中運用文法與單字的技能；而且這種技能才是學習語言最重要的部分。

用一個簡單的思想實驗就可以發現這點，給你一本文法大全和一本英文字典，然後不限時間請你翻譯一篇英文文章，是否人人都可以辦到呢？有經驗的人都知道，完全辦不到。就算文章中每一字都可以在字典裡找到，但看不懂就是看不懂。這是因為文法、文字在不同脈絡下，有時需要不同的方式解讀。而且，不同的作者也具有不同的表達能力與表達習慣，這些都不是簡單記憶事實型知識就可以具備的。

坊間常見許多教導如何快速背英文單字的教學課程廣告，告訴你這樣學英文有多麼簡單迅速。但實際上，最多也只是學到那些較不重要的事實型知識而已，而提升英文能力最主要的部分其實是實踐型知識，這些知識無法從那種譁眾取寵的學習方式中獲得。如果弄錯方法，不管怎樣都學不好，最後只是被商人賺走鈔票而已。

就以我專業的哲學教學來說，許多人以為學習哲學就是學會一大堆奇怪的理論與專有名詞。但事實上，那些專有名詞及其理論並不是學習哲學最重要的部分，雖然理解這些也有價值，但學習哲學更重要的是，學會一種哲學性的思考能力。要獲得這種能力，並不是從課本上閱讀知識就可以得到，而是要沉浸在這些哲學理論中，放下自己的觀點進入某一派的思維，澈底了解它，然後再從中尋找它的缺失，並設法彌補。最後則是走出來，從另一種較客觀的角度重新檢視它。走過這一遭後，自己原本的觀點也或多或少會產生改變。

就這樣來來回回不斷放下自己的觀點，進入不同的思維世界，然後再走出來，不斷擴大自己的思維領域，當遇見新的問題時，可以隨手運用適當的觀點來解析，甚至同時運用好幾個不同的觀點來思考，到此階段，就算具備哲學思考能力了。而這樣的能力，一樣只能領會而難以言傳。

在批判性思考能力的訓練上，謬誤的辨識能力很重要。這種能力也同時需要具備事實型知識與實踐型知識。如果只是了解謬誤推理的特徵，僅需事實型知識就足夠，這些知識容易在課堂上講解，解說日常生活中十多個常見謬誤，大概只需要一、二堂課的時間。但要真正學會在日常生活中運用，當謬誤出現時能即時偵測，這就需要花費非常多的時間練習，而這些練習就是在學習「知道如何」的實踐型知識。

正義的實踐型知識

另一個有趣的例子是如何做「正義的思考」。何謂正義？「正義即是公平」，這是《正義論》作者、當代美國哲學家羅爾斯（John Rawls）的主張。這句話很好理解，可以當作正義的簡單定義。透過這個定義，便很容易把握其含義。但是，即使是「公平」，也有很多具有爭議的狀況。如何思考在什麼情境下屬於公平與正義，就不是簡單透過事實型知識可以掌握的。

以羅爾斯提出的「無知之幕」的思考方法來說，當我們在思考哪一種做法比較能符合正義時，最重要的部分就是先忽略自己的各種角色。簡單的說，就是先不考慮自己的各種利益，而從客觀角度來評價各種不同的抉擇。這並不是說一定要排除個人利益，因為萬一對自己最有利的抉擇，正好也是對眾人最有利的抉擇，那該怎麼辦？所謂「無知之幕」只是先不考慮自己，並不是一定要排除自己的利益。

舉例來說，如果有個部長任命自己的女兒擔任要職，這是否符合正義呢？多數自詡正義之士的人遇到這種情況，大概會大罵特罵這位部長。但是，這種評價並非來自真正的正義思考，真正的正義必須去省思這個決定的背後主要理由為何？如果客觀評估後，發現其女兒真的正好是最適合的人選，那麼，這也有可能是經由正義的思路而得出的結論。

當然，理論上是如此，只不過在真實世界中，發生類似事件時，通常不是這麼巧合，而是私情影響決策的情況占大多數。但無論如何，在尚未仔細省思前，並不適合立刻妄下結論。

從個人角度來說，要做正義的思考，就必須學會把自己放在看不見的幕後，這種無知之幕的思考方法，而這樣的思考方式會面臨許多困難，因為總是很難分割乾淨，我們不可能在思考時真的忘記自己的一切，只能盡可能不要讓私心左右我們的抉擇，但在看不清內心所有想法的情況下，總是會有一些私心在無意間隱隱作用，該如何防範，這就屬於需要透過練習才能慢慢掌握的實踐型知識了。要學會這種知識，自然也不是透過閱讀，而是透過親身實踐正義思考的過程。沒有實踐，就永遠無法訓練出這樣的思考力，也就不能真正知道何謂正義，以及正義的思路。

智慧就是實踐型知識

事實上，在人生的各種面向，實踐型知識扮演了非常重要的角色，像是商業經營之道、親人與朋友相處之道等，都占有很大的成分屬於實踐型知識，必須在真實世界中學習，並不是依據幾項法則或是看看書就足夠。就像心理學大師佛洛姆（Erich Fromm）主張：「愛是一種需要透過學習才能掌握的技藝。」意思是說，想要學會如何愛人，是一種需要練習的實踐型知識，人並非天生懂得如何愛人，學習愛人就像學習一門技藝一樣，在仔細雕琢後才能慢慢獲得。懂得如何愛人，也是一門人生智慧。所以，我們常說，智慧不僅僅是知識而已。這句話的意思其實是說，智慧不是事實型知識。尤其那些常被稱為生活智慧的知識型態，不僅是事實型知識的組合，也是屬於實踐型知識。

也因為如此，這類知識無法在課堂上簡單學習，而必須在生活中慢慢體會掌握。學會後，也很難傳達給他人。所以，有些老師常常覺得學生愚笨，怎麼都學不會。但事實上，如果要傳授這類實踐型知識，像是研究方法、思考方法、各種專業技能等，那麼，學習緩慢的情況是完全可以預期的，這就是實踐型知識的特質。

另外，有人認為，我們之所以無法找到生命的意義，那是因為生命意義的最核心知識並不是那種可用語言表達的知識，而是像老子所說的「道可道，非常道」。可說的道，並不是真正的生命大道。或是像佛教也認為，這些關於生命最根本的知識「不可說」。它們無法用語言表達，自然也無法透過語言來學習，而是必須在生命中去實踐，而在實踐的過程中自然獲得。那麼，該如何實踐呢？

這個解答或許存在於儒家的《中庸》一書中：「天命之為性，率性之謂道，修道之謂教。」如果把天命理解成每個人的生命意義，那麼整段話可理解成：若要知道生命的意義，就必須依循著內在本性去生活，那麼，不斷探索內在本性並且去實踐它，直到看見自己的天命，就是人生該走的路。

問題與思考

1.「數學是什麼？」這個問題似乎不太容易回答，但好像也不是完全無法用語言來表達。究竟這是一種什麼類型的知識呢？

這和「哲學是什麼？」一樣屬於實踐型知識。當我們學習數學一段時間後，就知道何謂數學。但這類知識並非完全不可說，還是有很多屬於數學的事實型知識可以討論，只是無論怎麼說，都很難說得完全。

2. 人們天生恐懼死亡，因為這種恐懼的存在，讓人生處於黑暗的陰影下，難以自在歡樂。但我們也發現有些人好像真的很放得下，不太恐懼。這些人是否具備特別的知識，讓他們能無懼於死亡呢？如果真有這樣的知識，應屬哪一種類型？又該如何獲得？

有些信仰讓人比較不會恐懼死亡，像是相信自己未來會上天堂，或是前往西方極樂世界，這些較屬於事實型知識。有些人生智慧也有類似功效，但較難說清楚，則屬於實踐型知識。而即使是信仰，通常如果信仰不堅定，這類事實型知識的功效其實不大，真要能達到不恐懼死亡的地步，必須信仰堅定才行。而一個人為何能夠信仰堅定，主要應該還是依靠長時間培養出來的實踐型知識。

3. 試著思考看看，除了「知道什麼」與「知道如何」兩種類型的知識之外，是否還有其他類型的知識？

如果只從「能否用語言清楚表達」來分類，那麼這兩類知識大致上就可以窮盡所有知識了。但有些能用語言表達的知識，和一般事實型知識不太一樣，像是談論道德的知識；而有些難以用語言表達的知識和一般實踐型知識也不太一樣。所以，如果再依其不同點來細分，還可以分出許多種類的知識，而這些分類都有利於了解以及學習它們。

二、另一種實踐型知識：「道德之知」

當我們跟人說：「你不應該……」時，是否思考過，這些應不應該的依據是什麼？是否爲另一個應不應該？在不斷回溯，尋找依據是否不是另一個應該，而是一項事實？這就是「從實然到應然的問題」。

除了那種與技能相關之「知道如何」的實踐型知識外，實踐型知識這個詞彙還有另一個含義：道德之知，也就是該如何處事才符合道德的知識。例如：我知道「轉彎車應該禮讓直行車」、「人們不應該尋求特權」等，都屬於道德之知。

這些知識經常都以「應該」作為述詞。在西方哲學中，這類知識的探索歸類於「規範倫理學」。在儒學中，稱之為「禮」，探討「何種行為才符合君子、才符合禮」。道德之知雖然不屬於技能，不需透過反覆練習來學習，但也由於用來引導生活實踐而稱之為實踐型知識。

如果從「是否容易被語言表達」的知識分類方法來說，這類道德知識由於容易講清楚，容易藉由語言傳授，反而比較接近事實型知識。但由於道德和事實是不太一樣的東西，我們通常不會視道德為一種事實，而只是將它們當作約定俗成的教條而已，所以也不是很適合歸類為事實型知識。

舉例來說，假設某個班級的公約記載：「不可在教室裡吃零食」。那麼，我們不會說「不可在教室裡吃零食」是一件事實。所以，將道德知識歸類於「事實型知識」感覺上有點怪怪的。但如果以「隱性知識」與「顯性知識」來區分，那事實型知識和道德知識就均適合歸類為顯性知識。這是在知識分類方面比較容易產生混淆的地方。所以，直接將此類知識稱為「道德知識」會比較好。

實然與應然的問題

無論道德知識是否應歸類為事實型知識，至少兩者都具有容易用語言表達的特徵。但有別於事實型知識常以「是」作為述詞，道德知識則常以「應該」作為述詞。這個主要差異在哲學上衍生出一個問題，稱之為「從實然到應然的問題」。這個問題一開始是由十八世紀英國哲學家休謨（David Hume）所提出：**「應然的敘述是否可以從實然的敘述推理出來呢？」**

為什麼要問這個問題呢？假設某個人主張「性別應該要平等，不能歧視女性」，這是當今普世價值，多數人會同意。但萬一遇到不同意的人該怎麼辦？該如何說服他？這時是否可以就像證明「地球是圓的」一樣，舉出若干證據來說服他人？如果從事實根據就可以證明應然敘述，那麼，道德相關爭議就比較容易被化解。如果不行的話，那很麻煩，很容易變成各說各話、無法溝通的地步。就像死刑爭議、墮胎爭議、同性婚姻爭議，好像永遠是吵不完的議題一般。所以，如果應然敘述可以從實然敘述推理出來，那只要找出推理方法，就可以一勞永逸的解決所有道德爭議。反之，如果不行，那就幾乎等於宣告道德爭議是永遠無法證明的東西。

從邏輯學的「有效推理」為標準來回答這個問題，答案明顯是否定的。如果前提都是「……是……」的句子型態，是不可能推出一個「……應該……」的句子型態，這是無庸置疑的。

如果我們期待道德有其扎實的根基，而且期待這種根基是建立在嚴格的邏輯要求之上，那麼，結論就是道德其實不是來自於事實真相，其本身也不是事實真相。只是人類依循其風俗習慣而定下來的東西罷了！如果真是如此的話，那麼，這等於否定了道德知識的客觀價值。不同的文化風俗，就可能造成不同的道德判準。那麼，我們便無法批評不同的道德文化，也沒有好的理由去鼓吹什麼好的道德文化了。

簡單的說，當你看到某個國家文化中有吃狗肉、賣小孩、女人不能受教育等情況，都只能尊重。或者，最多只能說，依據我們的文化，那些文化是不好的。但對方可能會反駁，這些文化對他們來說是好的就夠了。當我們缺乏客觀標準作為依據時，在思想上就只能尊重不同國家的不同文化了。那麼，我們該如何解決這個問題？如何可能創造出客觀的道德判準作為普世價值的根基？這也是倫理學上最重要的問題之一。

從實然推出應然的嘗試

首先，當代哲學家瑟爾（John Searle）認為，實然敘述可以推出應然敘述。他舉例如下：

1. 瓊斯公開說：「我發誓，我一定要給史密斯五元。」
2. 瓊斯發誓要給史密斯五元。
3. 瓊斯說的話，讓他背負了一個要給史密斯五元的義務。
4. 瓊斯有義務要給史密斯五元。
5. 瓊斯應該要給史密斯五元

這整個推理看起來從第一句話的一個行為（事實）當作開頭，這句話的表述方式雖然沒有「是」字，但看起來確實是一個實然敘述，因為它表達了一件事實。而作為結論的最後一句話，也很明顯地是一個應然敘述。所以，這個推理確實是從實然敘述推出應然敘述。但重點在於，這整個推理在邏輯的檢視下，是否可以算是一個有效推理呢？

所謂「有效推理」，指的是「只要前提為真，結論就必然為真」的推理。例如：如果以「我是女老師」為前提，而推出「我是女人」的結論，不管前提與結論是否為事實都無所謂，只要符合這個「如果前提為真則結論必然為真」的條件，那麼，這個推理就叫做有效推理。而且，這個「必然為真」的「必然」是在忽視任何常識、常理的情況下，仍然有必然性才行。

例如：如果前提是「小明的塑膠原子筆掉到營火裡燒了好幾個小時」，結論是「小明的這枝塑膠原子筆受到損傷」。這個推理是符合常理的，一般來說，我們也會說塑膠原子筆掉進營火裡燒幾個小時「必然」會受到損傷。但這只是符合常理的推測，合理推測在邏輯上仍然無法達到有效推理的地步，可見有效推理的要求其實是非常高的。至少必須把該有的常識或常理放進前提裡，才能得出有效推理。那麼，依照這個標準，瑟爾的推理是否算是一個有效推理呢？

其實不是一個有效推理。因為瑟爾的推理隱藏了一些在前提裡沒有提到的常理。他從「發誓」連結到「義務」，再從「義務」連結到「應該」。後者的爭議可能小一點，但前者則明顯額外偷加了常識，「發誓就一定有義務」。如果把這個隱藏的常識放進整個推理之中，會更像是個有效推理。但如此一來，整個推理就不再是從單純的實然前提推出應然結論了。因為，「義務」這個詞本身就已經隱藏了「應該」。在這種情況下，就不是從實然到應然的例子了。如果認為「義務」並不必然包含「應該」，那整個推理也是失敗的，因為從第四個句子推到第五個句子必須有此預設才行。

所以，學界一般認為瑟爾的嘗試是失敗的。然而，這裡會有的爭議是，有效推理的要求是否太高，是否像這種看起來合理的推理就足以讓我們認同從實然到應然的連結呢？或者，我們可以把人的天性放進去，作為一種事實敘述而通往應然。舉例來說，如果「發誓就一定會背負義務」並不僅僅是一種文化價值，而是人的天性，那麼，這句話是否也可以算是依據實然敘述？如果是的話，那麼實然通往應然的路可以透過人的天性作為橋梁來連接。

這確實是一個好的方式，像是儒學認為「良知」與「遵循良知」都是人的天性，這樣的天性便可以用來支撐各種道德的敘述。而西方哲學偏愛的「天生的理性」，也可以用來作為兩者的橋梁。但要如何藉此方法來連結實然與應然兩種知識，這就是一個不小的思想工程了。

道德知識的一致與不一致性

人們在運用道德知識時，常常會在看起來相同的道德判準下，套用不同的標準。這是道德知識的不一致性。所以我們常說，要「寬以律人、嚴以待己」，也就是用比較嚴格的標準審視自己，而用比較寬鬆的標準要求他人。這樣的人，自然會受到更多人的欣賞。但在人們的實際生活中，如果不加以注意，做法大多會是「嚴以待人、寬以律己」。這種作風的後果，就是不知不覺地讓人感到討厭。然而，這個部分只要自己多加注意，大多可以發現並加以改進。

需要特別注意的問題是在做道德判斷時，我們有個知識上的盲點。因為缺乏某些知識，導致不同標準的評價。若能時時注意到這一點，將能減少許多因為誤解他人而導致的不當道德判斷。

舉例來說，如果有很緊急的事情，在道路上開車時可能就會比較不禮讓，而且可能會搶快，缺乏好的開車禮節。這時，因為自己知道做這些事的原由，就會比較容易原諒自己，不會認為自己亂開車。然而，當看到陌生人做了相同舉動時，由於不了解背後的原由，就容易當作沒有特別理由，誤以為這個人就是這麼不懂開車禮節，於是很容易感到憤怒，甚至譴責他人。

另外，道德知識的一致性同樣也會衍生出問題，而且難以察覺。舉例來說，多數人主張，「不可以插隊」，這個標準會用在包含自己的所有人身上；不僅對他人有約束力，對自己也會有約束力。所以，當運用道德標準對他人譴責時，內心也往往會自動出現一種自省的作用。因此，常常會聽到有人在批評他人之後說：「當然，我是沒資格說別人啦！」

然而，由於道德一致性的思考，我們常會自然而然地站在對自己比較有利的立場。例如：經濟和環保哪個比較重要？對於正在做不環保生意的人來說，就會覺得經濟比較重要。而喜歡騎那種會發出巨大聲響的改裝機車者，通常在被他人的機車聲吵到時，也會有較高的寬容力。

同樣地，當自己很容易做到某種道德判準時，就也很容易成為捍衛這個道德判準的正義之士，然後強烈譴責違反的人。越是強烈捍衛，就越容易產生自己道德崇高的錯覺。例如：根本沒有什麼異性緣以及異性朋友的人，很容易做到不跟異性來往，這時就容易要求情人或是配偶不要跟異性來往，「我都這樣做了，你為何不這樣做？」在要求的同時，也可以順便展現自己的道德多麼崇高。但追根究柢，其實只是沒異性緣而已。這樣的人一旦交了異性朋友，這個道德判準很快就會放棄。然後換一種說詞，因為自己的情人或配偶也有異性朋友，所以自己有也沒關係。但這時就好像忘了自己過去多麼崇尚這條道德判準。

所以，當我們正在捍衛一項道德標準時，請仔細想一想，這項道德是不是正好對自己比較有利？是不是正好自己比較容易遵守？如果是的話，很可能只是因為自利的心態而站在這個道德的高點，而不是真正放下個人私心的道德。

問題與思考

1. **試著想一下，今天是否套用了什麼道德標準批評他人，或只是在心中運用道德標準覺得他人做錯了什麼？通常一定有，而且每天都很多，找出一個自己認為最肯定的，開始思考或提出討論這個道德標準的依據是什麼？試著尋找事實作為最終依據。**

2. **請舉出一個日常生活的推理，試著區分成前提和結論，判斷是否屬於有效推理？如果不是有效推理，試著加上一些補充前提，讓它成為有效推理。**

3. **試著舉出一個今天在心中批評他人的道德標準，並且思考是否裡面包含了誤解，或是對他人處境缺乏了解所致。**

三、只有自己知道的「自我知識」

老子說：「道可道，非常道。」意思是說，眞道是不可說的。既然如此，眞道的知識就不屬於事實型知識了。那麼是否屬於實踐型知識呢？

在所有知識中，有一種知識，不太適合歸類到事實型知識與實踐型知識。這是關於自我的知識，通稱為「自我知識」（self-knowledge）。

「自我知識」這個名詞有兩種含義，第一種是對自己的認識。例如：「我是因為有愛心所以會去幫助別人」，或是「我不怕死」。這比較類似事實型知識，基本上只需透過內省，不是很需要實踐什麼就可以獲得，而且容易被語言表達。然而，這類知識和一般事實型知識的不同點在於，除了自己之外，他人很難判斷是否為事實，只有當事人可以確認真假。而且即使當事人自認為真，也還是有錯誤的可能性。人對自我的認識，其實也常出錯。尤其很多自以為正義的作為，其實根本上都只是私心的作用，連自己都被蒙在鼓裡而渾然不覺。所以我們常說，認識自我其實並不容易。

然而，一般我們談論的事實型知識，係屬客觀知識，而自我知識屬於主觀知識。兩者在此有所差異，不太適合混為一談。但如果硬要歸類，還是比較適合歸類於事實型知識。

另一種自我知識，屬於「只有自己才能知道的知識」，意即「如人飲水，冷暖自知」。這種知識和前一種其實差異不大，因為關於自我的知識，其實也只有自己可以確定，他人無法清楚明白掌握。然而，當我們預設人們天性相近時，就會認為其實大家的內在感受都是類似的，所以，其實我們還是可以好好溝通各種內在經驗。例如：我看到綠燈時的感受，和別人看到綠燈時的感受，基本上應該是一致的，且沒什麼差別，所以我們認為這些知識也夠客觀了。

然而，實質上，如果我們假設所有人看到綠色時的感受，在主觀層面都不一樣，只要具有系統上的一致性，溝通上完全沒有問題，我們還是會誤以為所有人的綠色感官知覺是相同的；這是一個在知識層面上很難證明與否證的盲點。

經過實踐才能獲得的自我知識

然而，有一類「只有自己才能知道」的自我知識，是需要透過某些實踐的鍛鍊才能學會的。這個學習過程就比較類似實踐型知識，但自己學會後，基本上並不難表達，而這部分卻又比較接近事實型知識，所以這種知識較不易被歸類。而且這類知識常常在哲學中扮演著非常重要的角色，尤其在東方哲學，幾乎就是最核心的觀念。像是儒學的「仁」、「良知彰顯」；道家的「道」；或是佛教講的「開悟」等。

現代儒家學者杜維民先生也主張這類知識應該獨立出來，不適合被歸類為上面兩種知識類型。他分析這類自我知識的學習過程有三個階段：第一，實踐。第二，在實踐中產生新的內在經驗。第三，藉由對新經驗的認知，產生新知識。

從學習過程來看，這類知識和實踐型知識是類似的。舉例來說，想要知道如何騎腳踏車的第一個步驟就是去實踐，實際去騎腳踏車，不斷的練習。在實踐的過程中，進入第二階段，開始把握到一種新的體驗，就是能在腳踏車上保持平衡不跌倒的新的內在經驗，一種駕馭腳踏車的平衡感。在越來越清楚地認識到這種經驗之後，將這樣的經驗轉化成知識，以便每次騎腳踏車時都能妥善運用這個知識。經過這三個階段，就學會了如何騎腳踏車的知識。

所以，這種自我知識的學習過程很像實踐型知識，只不過自我知識的內容不針對任何技能，而是針對自我的認識。以儒家的良知學來說，第一個步驟就是不斷觀看自己的良知作用，在不斷觀看、碰觸良知時，良知的感受會越來越敏銳，就像一面鏡子越磨越亮，清楚照耀事物的良善與邪惡。這就是王陽明所謂的「致良知」之實踐。

當我們做一件事情時，或是只要想像自己做一件事情，就可能產生「安」或「不安」的感受，這種感受常被稱作「良知的聲音」。「不安」的感受就像有個聲音在耳邊叫我們不要做一樣，這時為了要聽從良知的聲音，我們就可能選擇不去做這件事。在日常生活中時時刻刻聽取良知的聲音，然後讓行為完全符合良知，這也就是所謂的「知行合一」的修練。

在致良知與知行合一的實踐過程中，我們會發現良知彰顯的光芒越來越清楚，越來越明亮，它不僅僅是一種告訴我們「什麼可以做以及什麼不能做」的行為束縛，更是一種可以用來照亮人生的光，只要一直不斷跟隨這道光前進，就會發現人最根本的內在，而這樣的內在與天地之理是相呼應的，這種覺悟就會帶領我們發現新的內在經驗，藉由這種新的內在經驗之認知、了解成為知識，就完成了良知的學習之旅。於是知道人的心中有一個良知，而且這個良知與天理相通。

這個學習歷程和其他許多宗派的核心觀點類似，但道家的「道」以及佛教的「證悟佛性」在學習過程上顯得更難以掌握，更加縹緲虛幻，究竟要透過什麼樣的實踐，以及領悟什麼樣的內在經驗，都較難想像。在這種情況下，對於尚未獲得此知識的人來說，就更難把握了。但了解這類知識的學習過程，還是有助於我們追求這類知識。

新內在經驗為何是自我知識

然而，針對這類知識，明顯會有個疑問。既然這些知識是透過新的內在經驗而產生，那為何是關於「自我」的知識呢？舉例來說，如果經由新的經驗而了解的「道」是關於宇宙的真理，或是生命的究竟意義，那應該不是自我的知識，而是關於天理的知識吧？

另外，學會了新經驗，就以良知來說，那是人類學習的潛力發揮，還是原本就有的東西呢？如果是潛力的發揮，那就表示良知並非天性，並不是原本自我的一部分，而是新的感覺經驗，就像紅酒專家可以透過訓練分辨出各種不同的風味一般，並非天生具備的能力。另一方面，如果那些經驗是原本就有的東西，那又如何是「新經驗」呢？

要回答這些問題就必須深入了解東方思想裡最精彩的核心觀念，而且這兩個問題的答案是一樣的。首先，在東方思想中，無論儒、釋、道，都認為宇宙真理或是生命意義可以在心中找到。人心本就俱足這一切，只是被蒙蔽了而已。就像《中庸》首章便開宗明義云：「天命之謂性，率性之謂道，修道之謂教。」（天命就內在於本性之中，只要依循這個本性就是正道，而調整生命方向返回正道則是教。）於是這也就同時回答了第二個問題，所謂的新經驗，並不像是騎腳踏車的平衡感一般原本不存在，而是藉由實踐新創造的。關於良知、道、佛性等事物，本來就存在於心中，但卻被蒙蔽了。而實踐的過程並不是去創造新經驗，而是讓原本被蒙蔽的內心世界能夠被看見。

看見了原本沒看見的內在自我，對自己來說，就像是一種新的經驗，但這種新經驗卻不是真正完全新的，而是老早就在那裡，只是一直被自己忽視的東西。藉由這種屬於自覺的新經驗，我們更認識了自己，也由於這些內在體驗跟生命意義與宇宙真理相關，於是在我們真正認識了自己之後，也了悟了一切。了悟後的知識和一般實踐型知識不同的地方，在於並不難被語言表達，只不過即使表達了，沒有類似體悟的人也無法了解。

當然，對於了悟前的人們來說，上面所說只是理論，唯有自己親自去實踐、去體證，才能真正掌握這類知識。這個必須體證的部分，算是東方思想有別於西方哲學的最大特色。它可以說是一種缺點，因為不太容易透過語言學習、很難講清楚、無法在課堂上傳授。即使寫成了書，也無法透過簡單的文字理解而學會。然而，同時它也是一個優點，它在西方哲學透過純粹理性而難以突破之處，找到一個可能的通道，通往理性極限之外的知識。

問題與思考

1. 當我們聽見良知的聲音，叫我們不要去做一件事情，但我們還是去做了，這時很容易產生「不安」的感受。當這樣的感受產生時，要如何消除？或是只要忽視它就好了？請依據自己的經驗提出討論。

2. 這類自我知識似乎是人生最重要的知識型態，可以讓我們了悟生命的意義。但問題是在沒有獲得之前，無法確認這種知

識是不是真的存在。尤其如果花了很多時間追求後，仍舊沒有獲得，我們該繼續努力下去，還是當它是騙人的理論而放棄呢？是否有什麼方法可以更確認自己走在正確的方向？或是有更好的理由讓我們做出一個聰明的選擇？

3.「認識自我很困難。」針對這句話，是否認同？通常需要能夠發現「自己不夠認識自己」才會認同。所以，如果認同，請提出個人在認識自己方面所遇到的困難，或是曾經發現自己錯誤認識自己的經驗。

四、哲學智慧裡的「無知之知」

《莊子》裡記載著一棵樹，這棵樹無法作爲好的木材，沒有樵夫想去砍它，於是得享天年。意即「無用」也可能成爲大用。然而，「無知」會不會也能成爲一種了不起的知識呢？

西方哲學宗師蘇格拉底認為，學習哲學最重要的並不是學會任何哲學理論，而是學習去了解自己的無知；也就是獲得「無知之知」的知識。

這類知識可以說是智慧之知，和前面談論的知識類型都不太一樣。前面談到的知識，都屬於知道某些特定的東西，有個明確的對象。雖然所知道的東西不見得能清楚用語言表達，但至少從知識累積的角度來說，是學會越來越多東西，知道的事物越來越多。

然而，學會「無知之知」並沒有增加什麼具體的知識，而是張開內在心眼，學會一種特別的反思能力，但所知的事物其實並不明確。客觀來說，知識總量沒有提高，懂的事物沒有增加。相反地，主觀而言，學會無知之知的人，反而自覺懂的東西越來越少，知識量似乎不增反減。能力越強，效果越明顯，看到的未知領域越大，就會產生一種自己一無所知的感受。由於無知之知可以說是哲學裡最重要的知識之一，所以學了哲學之後，如果沒有自覺懂的東西越來越少，那就表示尚未獲得哲學最重要的核心能力。

「無知之知」究竟是知道些什麼？

那麼，「無知之知」究竟是知道了些什麼呢？最常見的理解是：「知道自己知識不足，還有很多東西不知道，屬於謙虛的一種美德。」這是一種很通俗的理解，所談的美德也很普通，不是什麼了不起的美德，多數人也都具備。也因為如此，它不太可能會是一個大哲學家這麼強調的東西，否則，所謂的哲學智慧也太過平庸了。

「無知之知」是打開了一個原本看不見的黑暗視界，知道裡面應該有些什麼，但看不見、不知道，如果可以見到任何東西，就是「知道」了些什麼，但因為看不見，所以才是「無知」。但確實也有所知，至少知道那個屬於未知的、無知的黑暗世界存在。

簡單的說，無知之知就等於是「看見了一個目前還看不見的世界」。這聽起來有點矛盾，好像是說「看見了看不見的東西」一樣。當然不是這樣，而是意識到那個看不見的世界之存在。然而，既然什麼都看不見，又如何知道有這個區域存在呢？

舉例來說，一個從小被關在地下室的小孩，有一天夜裡偷偷爬上來，雖然太暗看不清楚任何事物，但至少看見其他房間的存在，並且知道房間內有些什麼，知道自己有所不知。或者，他甚至偷偷打開大門，發現除了室內之外，還有一個不知多大的戶外世界。雖然不知道那裡有什麼，但知道自己所知是多麼的渺小。

無知生信心

這樣的無知世界，並不是只有一個；而是往任何已知延伸出去，都有一個這樣的世界。所以，當我們自以為很懂某些事情的時候，就可能是由於缺乏無知之知才產生的自信心。

用最簡單的例子來說，當我們在巷弄間騎著機車，我們看不見交叉路上是否有車正要開過來，對於新手來說，常常會忽視這個無知，於是看見前方沒車就橫衝直撞。但對於很有道路經驗的老手來說，比較容易看見這個無知。有這個無知之知的存在，我們知道「看不見的交叉路上並不必然沒車，而是不知道有沒有車，說不定有車正要過來。」這個知識，便會讓我們小心，不至於陷入危險而不自知。

那麼，我們可以藉由這個例子思考，這種知識究竟是如何學會的？對於騎車的人來說，可能在某一天遇到一個緊急狀況，交叉路的巷弄裡突然有車冒出來，於是可能發生車禍而受傷，運氣好一點也要受點驚嚇。經過這些深刻的經驗，就會慢慢開始注意那些看不見的領域，於是形成了這個無知之知。

然而，如果一直運氣很好，都沒有遇到這樣的危險狀況，或是遇到了也沒去理會，這個知識就不會自然形成。也就是說，我們的「無知」如果沒有遇到任何問題，或是即使出現問題，卻沒有意識到那塊無知，就無法獲得這個無知之知。這也是學習這類知識的困難之處。

學習無知之知是一種智慧的養成

看見一個無知並不會自動看見其他無知，不同的無知之知互相並沒有關聯。舉例來說，我們的周圍充滿了各式各樣看不見的細菌與病毒。當我們學會了這個知識，以及運用想像力，張開智慧之眼，才能在想像中看見這個無知。有了這個無知之知，雖然仍舊不知哪裡有細菌與病毒，不知其種類，也不知是否致病，但總是會多出一些心防，在觸摸過公共場域後，知道不用手摸口鼻，也不用手抓東西吃。這種無知之知，和交叉路的巷口可能有車是毫不相關的，學會一個，並不會自動學會另外一個。這樣的無知種類無窮無盡，而且都不容易學會，即使學會了，由於看不見、印象不深刻，也較容易遺忘。但卻是人們生活中的一大禍源。

無知之知的獲取還有一個奇特現象，當我們幾乎完全不了解某類知識時，很容易知道自己在此領域的無知，就像我不懂希臘文，完全不會誤以為我懂希臘文。但當我們懂了一些之後，反倒開始失去這個無知。就像在一個從未到過的房間門口，我們很清楚知道自己不知道房間裡有些什麼。但當我們進到房間裡打開燈，看見房間裡的東西，我們很容易忘掉，其實房間裡還有很多東西我們並沒有看見，而且說不定還有看不見的暗門沒有打開。於是自以為很懂，反而失去了無知之知。這也就是半瓶水響叮噹的道理。

以實例來說，教育專家在教育自己的小孩時，套用各種最新的教育理論，還深怕做錯什麼。因為是專家，他們不僅知道自己懂什麼，也知道在教育領域還有一大堆不懂的東西。也就是說，他們不僅懂教育，也同時具備教育領域的無知之知。然而，對許多家長來說，只懂了一些教育觀念，而且還未必都是正確的，就自以為很懂教育了，於是對自己的看法很有信心，很篤定認為應該用某些方式來教育小孩，常常都已經適得其反了，還繼續堅持；還不如完全不懂的人，知道自己不懂，於是多聽他人建議，實施起來也戰戰兢兢、小心謹慎，至少可以避免大禍。

視而不見也是一種無知

無知之知除了關於那些看不見的事物之外，也還包含那些看得見但卻容易被忽視的東西。就像一般常用「房間裡的大象」來比喻，明明很明顯在那裡，就是看不到。

最常見的例子就是人們看不見自己的私心，起心動念只是為了個人利益，但總會把注意力放在所做之事的公眾利益上，便自以為善。由於多數利己的事物都或多或少對社會有些好處，所以總是可以理解成為了利他而做。即使有些事情其實對社會的壞處比好處更多，很明顯地只是為了自己的利益才這麼做，人類還是可以關起視線，看不見自己內心的貪婪，看不見自己所造的惡，目光只焦聚在對社會的貢獻且洋洋得意。這或許也是一種人性本能，但這樣的本能，其實對個人有害，讓人陷入人際關係的絕境，還自以為都是他人的錯，因而難以改善人生。

有些種類的無知之知很難發現。就像在一個房間裡，要看見陰暗角落的無知比較容易，而要看見房間暗門後的無知就很困難。因為如果連暗門的存在都不知道，又如何想像其後面的世界呢？所以，最重要的無知之知，就是看見這個無知；因為我們甚至連還有多少無知都看不見。發現了這個無知之知，就等於真正開啟了知道無知的智慧，也就能夠啟動一個不斷發現新的無知的旅程。

問題與思考

1. 人們自然而然會把沒看見的當作不存在，這樣的思考偏誤在邏輯上稱之為「訴諸無知的謬誤」。試著想想看，在日常生活中，除了內文談到巷口來車的例子之外，我們還容易在什麼情況下犯這種謬誤？

(1) 看見路上有人開快車，就覺得這個人沒有特殊理由只是喜歡開快車。

(2) 有一天朋友脾氣不好容易發怒，就覺得這個人個性不好。

(3) 運動後體重沒有減少，看不見效果就覺得沒效。

(4) 雖然醫學說抽菸有害健康，但爺爺抽幾十年了也活得好好的，沒看見害處就覺得無害。

(5) 以上皆是。

答案是 (5)。看不見他人開快車的理由，通常就會誤以為沒有理由，只是愛開快車。朋友某一天易怒，如果不是經常如此，那很可能有特殊原因。對減重和吸菸來說，有些效果需要長時間慢慢顯現。

2. 一個具有無知之知的人，在談話間被指出因為缺乏某些知識而導致錯誤推理時，是否會感到生氣？或是感到很尷尬？還是覺得這很正常、沒什麼特別的情緒？為什麼會這樣？

通常具有無知之知智慧的人被指出缺乏某些知識時，由於這很符合自己原本的想法，所以比較不會有什麼情緒反應。

3. 試著想一想，目前有著什麼樣的知識自己覺得很有把握、很有自信，但稍微懷疑一下，卻發現其實所知很有限？如果想到了，請分享討論。

五、佛學智慧裡的「空性之知」

禪宗二祖慧可感到心不安，向達摩祖師尋求安心之道。

達摩祖師：「你的心在哪裡？找出來我幫你安。」

慧可想了一想：「我找不到我的心。」

達摩祖師：「那我已經幫你安好了。」

在此禪門公案中，藏有什麼樣的一種知識呢？

常聽人說：「只要了悟一切皆空，就可以免除所有煩惱了。」如果這是真的，那是什麼樣的知識有這麼了不起的功能？而這樣的知識，又該如何歸類？

首先我們先來解釋一下佛教所謂的「空」是指什麼？以及為何可以解除煩惱？簡單的說，就是佛教常說的「看破」。看破一件事情，就是看見這件事是空，思維也就不再被這件事情所困。而佛教主張一切皆空，只要看見這一點，就等於看破一切，也就不再被任何煩惱所困。那麼，「看破」又是怎麼一回事呢？

人生就是一場學習看見「空」的成長

其實，在人生成長過程中，一直都有不同的看破經驗。從當下年輕人愛玩的線上遊戲來說，在投入一個遊戲時，對於賺這個遊戲的金幣、虛寶、史詩級裝備等充滿興趣，覺得這些東西的價值都非常高，甚至如果可以買得到，還願意用昂貴的金錢去購買，如果買不到，也願意不眠不休花大量時間去取得。

然而，一旦這個遊戲不再流行，玩的人越來越少，或是自己不再感興趣，甚至不想再繼續玩時，這些原本很有價值的東西，突然間變得什麼都不是，轉眼成空。

其實，它並不是從有變無而成為一場空，而是從一開始其實就是空。空指的是它的本質，這些虛擬事物從一開始就沒有任何存在根基，在某些因緣聚合的情況下才顯得有價值，這些因緣像是它很流行、自己很感興趣、朋友都在玩等。緣起時，價值就跟著起來，緣滅時，因緣條件改變，就返回其空的本性了。一個遊戲玩膩了，換了一個遊戲，就又是新的緣起，然後又再緣滅。久而久之，就逐漸可以看破，雖然仍舊可以沉浸其間而獲得樂趣，但不會再繼續因為執著於這些虛擬事物而帶來煩惱。

從日常生活來說，我喜歡買一些小擺飾，這些東西並不貴，也不太占空間，但累積多了就很麻煩，最後就變成必須要斷捨離的東西。久而久之，當我又想買小擺飾時，就會想到從喜歡到丟掉的歷程，從這個角度來看對小擺飾的喜愛心情，就會覺得這種愛好到頭來不過是一場空，於是這樣的欲望就降低了，花錢的煩惱、丟棄的煩惱、不可得的煩惱等，都一併消除。

當然，即使看破，也還是可以繼續玩遊戲、繼續樂在其中，繼續去買它、擁有它，但卻是從空觀（空性的觀點）的角度去做這些事，也就不容易起執著心，了解總有一天會斷離，就歡喜擁有和它相聚的一段時光。在這樣的心態下擁有，一樣可以免除煩惱。對一般大眾最大煩惱起源的愛情、生命，其實也都是這樣，端看能否看破。

所以，所謂「空」就是看到一件事物完整的緣起緣滅，沒有什麼是必然的，沒有什麼是永恆的，所有一切都在眾多緣起條件下生成、變化，不同緣起條件創造出不同的觀感，而在某些緣起條件不再的時候，事物就自然消逝了。

「空的知識」該如何歸類？

換個角度來說，空指的是「自性空」，意思是自性不存在。而所謂「自性」，意思有很多面向，主要是指事物背後那個支撐它永續存在的依據，或說是這個事物的本質、根源。

舉例來說，從一個人出生開始，一直到死亡，他的身體、心靈、個性、記憶、思想等都有很大的變化，在這些變化中，是否存在著什麼不變的本質可以一直讓他稱之為「我」。簡單的說，十年前的你和現在的你，都被你稱之為「我」的那個依據是什麼？如果可以找到這種東西，那就是這個人的「自性」，也是每個自我的「自性」。但主張空性的佛學認為沒有這種東西，那就表示「我」其實並無自性，或說「我」也是空。

所以，自性空指的就是不存在一個必然支撐其存在的依據，事物的本質、根源並不存在。而「一切皆空」就是說，所有一切萬事萬物都是這樣。而這樣的觀點，構築了佛教最核心的世界觀。佛教認為，只要了悟了這個觀點，就等於看破了一切，不再起煩惱。那麼，這種「空性之知」屬於哪一種知識型態呢？

如果空性之知只是一種看待事物的觀點，大概不太能算是一種知識。但佛教認為，這種觀點不僅是一個觀點，而是揭示了真相。如果真是如此，自然可以算是一種對真相了悟的知識。

然而，即使如此，說它是一種知識也還是有點奇怪。舉例來說，「『孔子娶了三妻四妾』是個謠言」，這算不算是一種知識呢？如果是的話，那麼「秦始皇並非是孔子的子孫」，又算不算是一種知識呢？這種排除錯誤的知識，感覺並沒有增加知識量，但對整體知識來說，似乎有一些貢獻，尤其大多數人誤信某些想法時，釐清它們就很有知識的價值。

舉例來說，「鬼不存在」，如果鬼真的不存在，那這個知識是很有價值的。因為很多人相信鬼存在，這個知識可以用來清除錯誤知識。但由於沒人相信「孔子娶了三妻四妾」，也沒人相信「秦始皇是孔子的子孫」，所以這兩句話即使是對的，實質上也對整體知識沒有貢獻，所以我們無須當它們是一種知識。

這類知識的價值在於驅逐錯誤知識，而空性的知識也偏向此類。因為多數人都誤以為萬事萬物有其自性，因而起執著心帶來煩惱。如果空性觀點是對的，那就可以用來驅逐錯誤知識。

從分類的角度來說，它和上述幾種知識都有一點類似之處，但不盡相同。首先它大致能用語言表達，類似事實型知識，但它無法簡單用語言來傳授、學習，需要透過像是禪門公案的方式參透，所以和一般事實型知識不同。

空性之知需要在日常生活中鍛鍊習得與領悟，這類似實踐型知識，但空性之知較能被語言表達，這又和實踐型知識不同。空性觀點在應用上主要針對「自我」，自我是空也就是無我的意思，這是空觀最重要的部分，這部分屬於自我知識。但空性之知談一切皆空，自我之外的一切都包含，無法完全歸類為自我知識。而針對空性之知從否定角度看知識，以及整體知識量並沒有增加的特點來說，和哲學的無知之知類似，但也不全然相同，因為空性知識的對象很明確，無知之知則泛指一切無知。所以，空性之知不適合完全歸類為上述任何一類，應自成一個類別來分析比較適當。

問題與思考

1. 過去（或小時候）曾經認為某些事物很重要、很有價值，或是很在乎。但長大之後，慢慢覺得不這麼重要、不再有什麼價值，也不太在乎。這代表看破了這件事情。請思考自己的例子，並分享看破了什麼，以及如何看破的。

2. 多數人在眾人面前講話會很緊張，甚至有些學生在班會時發言也是一樣。但如果有一天，硬著頭皮在幾百人面前講話，就算緊張得要死，之後也會覺得在班會上發言緊張很可笑。為何會這樣呢？這個經驗是否也是一種看破？如果是，那看破了什麼？

當我們做了一件大事，就會覺得做一件小事沒什麼。當我們得了一個大獎，就會覺得獲得小獎沒什麼好高興的；這是一個很簡單的生活經驗，這個生活經驗等於是看破了那件小事其實沒什麼大不了的。事實上，當我們得了一個更大的獎、做了更大的事，就會覺得原本那個大獎和大事沒什麼。從這點來看，其實這一切都沒有什麼必然大不了的自性在裡面；都只是在不同的緣起狀況下所產生的不同價值判斷而已。

3. 空的知識不像事實型知識從語言文字習得，也不像實踐型知識經由反覆練習而獲得，它需要仰賴領悟。試著思考看看，「領悟」究竟是一種什麼樣的學習歷程？

「領悟」並不是一個很明確的字眼，它可能包含了幾種不同的意義。第一，突然間的融會貫通是一種領悟。第二，想到一條可以解開某種困惑的思路，這也是一種領悟。

六、人工智能難以駕馭的「背景知識」

「當小明把小狗帶出門散步時，是否有把狗頭一起帶出去？」雖然沒人學過這個知識，但每個人都知道答案。這表示我們在生活中，無意間學會了這種「背景知識」。這種知識無窮無盡，難以一一列舉學習。對於不會「無意間學習」的電腦來說，該如何掌握這類知識呢？這成了人工智慧最大的難題之一。

追求知識，如同莊子所言：「以有涯逐無涯，殆矣！」那是因為人的生命有限，想要追求無限的知識，根本是不可能的事情。然而，沒有壽命限制的人工智能又如何呢？可否突破此一極限？

人工智能電腦不僅可以快速學習知識，也可以看似毫無限度的擴張知識。即使電腦硬體老舊、損壞，但內部的資料系統卻可如靈魂一般不斷換新，持續擴大知識領域。然而，畢竟電腦和人類學習知識的方式不同，其是否真能學會人類所有類型的知識，是個很有爭議的問題。

當今科技電腦學習與運用知識的方式有兩種，第一種是傳統上直接處理符號，並以資料庫累積知識的符號系統。這種方法比較適用於事實型知識，像是醫學輔助診斷的專家系統以及各種百科全書。第二種是不直接處理符號的次符號系統，運用類神經網路的深度學習來建構知識，這種方法較適用於實踐型知識；這也使得在汽車自駕系統、語音辨識、影像辨識等問題上獲得高度提升。

從這個角度來看，兩大知識體系都可以被電腦支配，電腦似乎可以成為凌駕於人類之上的知識王者。然而，事情也沒這麼簡單。電腦也有其限制，到目前為止，它仍舊無法像人類一般擁有各種類型的知識以及活用它們。所遭遇到的困難有很多面向，但最主要的是，由於電腦學習與記錄知識的方式和人類不同，有兩類很重要的知識型態目前仍舊無法被電腦駕馭。少了這兩種知識，它便無法真正在日常生活中活用知識，即是背景知識（background knowledge）與共同知識（common knowledge）。

無窮無盡的背景知識是人工智慧的一大挑戰

背景知識指的是人們在日常生活推理與思考時會套用到的知識，這類知識量很大，幾乎無窮無盡，但我們對這些知識缺乏自覺，都是在內心預設為理所當然的知識。雖然理所當然，但卻未必是天生的；雖然不是天生的，但大多不是刻意學會，而是在不知不覺、潛移默化中習得。這些知識雖然大多像是事實型知識，可以用語言清楚表達，也可以輕易傳授給他人，但通常並不像事實型知識是透過語言學會。電腦之所以很難掌握這類知識，是因為它的數量實在太大，無法預先一一記錄下來，而到需要時總是不足，也不知何時該使用何種背景知識。何時該使用何種知識的能力，有點像是一種技能，然而，背景知識也不像實踐型知識可以透過不斷練習而獲得的那種技能之知。由於我們目前並不了解人類如何習得這種背景知識，也因此難以將學習歷程轉化為電腦演算法而讓機器也能具備。

舉個例子來說，試著回答一個問題：「小明把狗帶去公園散步，請問小明是否把狗尾巴一起帶出去了？」看到這個問題大概會覺得很好笑，答案是：「當然帶出去了啊！」怎麼可能留著狗尾巴在家裡呢？我們可以輕易回答這個問題，那是因為我們知道「狗出門時，狗尾巴會跟著一起出門」，這是屬於可以簡單用語言表達的事實型知識，也很容易可以透過語言傳授給他人。那麼，試問一下，請問你是何時學會這個知識的？或者說，你曾經學過這個知識嗎？

光是這類問題，其實就幾乎需要無窮無盡的背景知識了。「狗出門時，是否把身體內的心臟、心臟上的那個血管，以及心臟血管裡的血液都帶出去了？」我們無法一條一條事先給予電腦這類可能會用到的所有背景知識，所以只能在需要用到時，再去找需要的知識。但要去哪裡找呢？

我們希望電腦所具備的每一種知識，都必須事先一條一條輸入，但我們不可能把所有可能需要用到的背景知識都輸入。所以越是不需要背景知識的專家知識，電腦就越能學好，因為這些知識數量有限。反而是日常生活所需的常識，由於數量過大、種類過多，電腦就越難處理。

當然，有些知識可以用規則簡單地把握全部。如同我們可以運用規則：「狗出門時，所有一切屬於狗的東西都會一起帶出門。」這樣是否把這類問題全部解決了呢？事實上這樣仍舊有問題，即使解決了狗的問題，那貓呢？豬呢？烏龜呢？蚱蜢呢？一樣沒完沒了，何況這種解決問題的方法還會導致錯誤。

例如：我們可以問：「狗出門時，狗毛都帶出去了嗎？」顯然答案是否定的，因為有些狗毛掉在狗窩裡、有些可能在出門的路上隨風而去。為了彌補這個問題，我們還得區分哪些是一定要跟著狗的，而哪些可能會遺留下來。我們必須再給其他的規則才行。而無論我們給了什麼規則，還是一定會遇到那種對人類來說可以輕易解答，但電腦卻無法回答的問題。而電腦無法解答是由於缺乏其他背景知識，我們只好再加入背景知識，但這個過程始終沒完沒了，電腦永遠有漏掉的背景知識。

目前電腦科學家們並沒有完美處理這個問題的好方法，雖然透過大數據的資料閱讀，可以相當程度地面對這個問題，像是最新開發的 ChatGPT 人工智慧對話程式就已經可以做得不錯，能夠成為很好的對話與輔助工具，但錯誤仍會發生，而且無法預測會發生在什麼時間點上。例如：會不會有一天鼓吹人們自殺或殺人，甚至誤判而發射核彈。所以，在能夠真正可控之前，許多科學家主張不能把決定權交給人工智慧，甚至也有人主張應立即停止開發這種不受控且可自我成長的人工智慧，以免發生無法挽回的憾事。

由於人工智能的研究讓我們清楚意識到背景知識的存在，也從背景知識看見許多有趣的現象。許多人其實有著不太一樣的、視為理所當然的背景知識，然後毫無警覺地任由這些背景知識主導著日常生活的推理。於是，人們之間的誤解就產生了，而且如果沒有仔細藉由邏輯的輔助進行有效溝通，很難發現問題出在不同的背景知識。就像政治立場不同的人們之間交談總會有誤解一樣，因為許多與其政治立場相關的想法、觀點，都轉變成不同的背景知識，當這些背景知識沒有拿出來討論而只在內心被當作預設時，人們幾乎就不可能進行有建設性的溝通了。

我知道你知道，也知道你知道我知道的共同知識

另一個對人工智能來說也很棘手的知識型態是共同知識。共同知識指的是我們之間共同都知道的東西，而且我知道你知道，你也知道我知道，而且我也知道你知道我知道。具備上面這些條

件，就稱之為共同知識。而且，許多對話必須運用共同知識才能進行。

當代語言學家平克（Steven Pinker）提出一個有趣的例子。有一天，他收到一封推薦某人來就讀的推薦信：

> 平克教授您好：
>
> 我很高興能夠對你推薦愛文．史密斯，史密斯先生是一個模範學生，他不僅穿著整齊，而且非常守時。我認識他已有三年了，這三年來他都非常合群，而且他的太太也非常有魅力。
>
> 真誠的祝福
>
> 瓊斯教授上

平克解釋：雖然這封信都是正面訊息，而且也都可以被當作事實，但是，這封推薦信的被推薦者保證絕不會被錄取。為什麼呢？因為，這封信中並沒有提到讀者想知道的東西，也就是被推薦人的聰明才智、研究能力、潛力、創造力等。但光是這個理由還不夠，更重要的是，平克認為，他和推薦人都有一個共同知識：「如果想要推薦一個人，該如何寫好一封推薦信」，但由於寫推薦信的人並沒有這麼寫，所以顯然該推薦人事實上並不是真的想推薦這個學生。這封推薦信就像是說：「其實我認為這個人不適合就讀貴研究所」。

要獲得這個結論，必須仰賴他們之間的共同知識，寫的人知道讀的人知道寫的人知道，因此他就可以寫這樣的推薦信，在完全正面評價的情況下，卻達到表明不推薦的目的。

事實上，像這樣的例子在日常生活中非常多。例如：當某個很愛現的人到處招搖告訴別人這次考試考得多麼好，如果有個同學說：「我認為你在這方面是全世界最了不起的。」有了共同知識，這句話就很容易被解讀成負面的說法，而達成諷刺的目的。但是，如果說這句話的是父母、子女或是情人，那麼，這就很可能是個非常正面的說法。然而，如果他和情人之間近來關係不太好，或是正在冷戰中，那麼，這又會變成諷刺的說法了。如果沒有共同知識，這樣的溝通是不可能完成的。而電腦要具備這種共同知識，似乎非得要很了解人與人性才行，但這對電腦來說難如登天。即使是當今最強的人工智慧程式 ChatGPT，也仍無法克服這類問題。

問題與思考

1. 想想看，為何電腦很難了解人性呢？想要了解人性，是不是一定要具備人性？在這個思考基礎上，內心有許多差異的男人與女人是不是一樣很難互相了解？

如果人性可以轉換成知識，那麼即使缺乏人性，一樣可以具備人性相關知識。就像有些人其實還滿了解異性的，但這種了解總像是隔靴搔癢一般，因為人性無法完全被知識所表達，無論具備多少相關知識，總還是會有所缺失。所以，男女之間要完全了解，基本上不太可能，但努力仍有助於了解的程度。

2. 試想依據程式運作的電腦是否可以擁有創意？如果可以，如何辦到？如果不行，是否就代表電腦也無法具備創意相關知識？

這要看如何定義創意。從展現創意的能力來說，電腦可以具備創意。我們可以做出一些演算法來達成創意的成果。例如：只要隨機連接不同的概念，就可能找出創意的觀點。

3. 一個富人想知道他的三個小孩誰最聰明，於是在他們的額頭上各點了一個紅點。他們可以看見其他人的紅點，但看不見自己的。之後跟小孩說：「你們的額頭上都有點一個點，這個點可能是紅色，也可能是白色。如果你可以看見兩個白點（也就是另外兩人都是白點）請鼓掌。如果你知道自己是紅點或白點，請說出答案。」過了一會兒，沒人鼓掌，也沒人說話，這時突然有個小孩舉手說：「我知道了，我額頭上的是紅點。」請問他如何得知，他的推理是否需要訴諸任何共同知識？

是的，這需要一些共同知識。以 A、B、C 代表這三個小孩，A 先假設自己是白點，然後想像從 B 的角度看，這時 B 看到一紅一白。這時他再想像以 B 的角度看 C，C 看到一個白點以及 B 自己的額頭。如果自己的額頭是白點，那 C 就看見兩個白點，他就會鼓掌，但實際上他並沒有鼓掌。因此，假設失敗，也就是說原先假設自己是白點的這個假設導出矛盾。那麼，既然自己不是白點，就是紅點了。這整個推理，需要思考其他人的思路才能辦到。

第三篇

知識的意義

知識就是合理的真信念。

——柏拉圖（Plato，公元前 429-348）

一、知識就是「合理的真信念」

好的定義可以讓問題的討論更清楚、更明確，甚至更深入。尤其對於模糊難討論的概念來說，更有這樣的效果，像是「道」、「神」、「空」等；但不好的定義有時會帶來更大的混淆。據說柏拉圖把「人」定義成「無毛的兩足動物」，於是有人拿了一隻拔光毛的雞和柏拉圖說：「人來了。」

如果你有哲學系的朋友，一定會發現這些朋友有個煩人的特色——常常會問：「請問你所說的○○是想表達什麼意思呢？」會問這種問題，是因為哲學思考不會停留在表面解讀，而是會想更清楚解析事情；這個習慣有助於深刻且精確的溝通。但在日常生活中，如果只是隨意閒聊，就會覺得這種習慣令人感到厭煩。因為人們平常並沒有養成精確使用語言的習慣，甚至在談論學術問題時都不見得有一致性。

舉例來說，「道」這個概念在東方思想裡占有很關鍵的地位。例如：儒家說：「生命之謂性，率性之謂道，修道之謂教。」道家說：「道可道，非常道。」佛教說：「頓悟大道。」如果把各家各派對「道」的學說統合起來，是不是就能全面性的掌握好這個概念呢？這很難說，至少得先有一個預設，就是他們所談的「道」，指的是相同的東西才行。人們習慣將相同的字詞視為相同的含義，但實質上不同的人使用相同的字詞時，意義可能都不太一樣，尤其意義模糊的字詞差異更大。

日常生活中，很多人愛用這類聽起來似乎很了不起的詞彙，好像用了這些詞彙，就顯示自己有著豐厚的思想。像是「我崇尚一種後現代主義的生活方式」、「我是自由主義者，請不要干涉我的自由」。

但對於會去深究的聽者來說，就會想問：「你所謂的『後現代主義』指的是什麼」、「你所謂的『自由主義』指的又是什麼」？他們所講的，未必真是哲學上的含義。就算是哲學上的含義，學派不同時，意義也不盡相同。如果沒有先弄清楚這些詞彙在說話者心目中的意思，就很容易雞同鴨講。弄清楚之後，才能進行比較有深度的對話。

然而，有些看似很簡單的詞彙，但背後的意義其實也五花八門。例如：有些人會說「哲學是學問之王」、「哲學對工作很有幫助」、「哲學很難」。上面三個句子所談論的「哲學」，其意義可能都不太一樣。這時如果問清楚說話者心目中的指涉，會更容易了解他為什麼這麼說。或者，如果可以了解「哲學」這個詞在客觀上的意義，就比較容易判斷這樣的說法是否適當。而且，想要完全客觀定義哲學很困難，做不到也沒關係，若能分析越透徹，掌握就會更清楚。而「知識」這個詞也是一樣。那麼，我們試著來分析一下，「知識」指的是什麼？

「知識」的分析

首先，我們可以看出「知識」（knowledge）和「知道」（know）這兩個詞是息息相關的。我們可以說，「知識就是被一個認知主體所知道的東西」。從這個角度來看，知識的存在預設了一個認知主體，沒有認知主體就不會有知識。

雖然有哲學家主張，知識是可以客觀存在的，例如：當代美國哲學家波普在其著作《客觀知識》（*Objective Knowledge*）一書中主張，如果所有認知主體（像是人或是可以讀懂人類著作的外星高等生物）都消失在宇宙之中，那麼，一本存在於圖書館的幾何學理論的書也可以算是知識。他認為這些知識可以客觀存在，不需要仰賴認知主體的存在。

我想這樣的說法也沒什麼不對，但是，我們仍然可以說，必須有認知主體的存在，這些客觀知識才能成為活的知識，或說是可以運作的知識。或者，我們也可以籠統的說，認知主體的存在，才能使那些知識成為有存在意義的東西。那麼，至少我們還是可以肯定知識與認知主體的強烈關聯，在這裡的討論中，這樣也就夠了。

如果我們接受了認知主體與知識的強烈關聯，那麼，我們可以放心地把「知識」和「知道」先連結在一起。當我們說「我有某個知識」的時候，同時就是說「我知道某個事物」。

但是，這些詞彙在日常生活的使用上仍有著歧義，例如：當我們說：「你真是沒知識」，這句話其實不是表示一個人真的什麼都不知道，而只是表達某個人在某些方面知道的很少，這是在語言使用不精確的日常生活中的不同用法。又如我曾經遇到一個喜歡學蘇格拉底的學生，在我問他問題時，常志得意滿地回答：「我無知，我什麼都不知道。」每次我聽到這句話都會回問：「那你知道你叫什麼名字嗎？」當然，這時對「知道」的用法又用在不同的意義上了，蘇格拉底所說的「無知」，並不適合被解讀成「什麼都不知道」，不然就太矯情了。

那麼，當我們要談論「知識」或是「知道」時，還是必須先弄清楚我們在談的是哪一種東西，這個部分必須先弄清楚，才能進一步去分析我們所要討論的知識。在一般知識論的討論上，除非特別聲明，否則我們討論的知識範圍有兩種界定，一種是所有一切我們知道的東西，另一種是所有一切我們可以用語言表達的東西。前者屬於所有種類的知識；後者則特別針對「事實型知識」（用來描述事實真相的知識）。

柏拉圖對知識的定義

早在古希臘時代，柏拉圖就嘗試用定義的方式來分析知識。他說：「知識是合理的真信念。」這句話的英文翻譯是：「Knowledge is justified, true beliefs.」。這個定義使用合理的（justified）、真的（true）以及信念（belief）三樣東西來定義知識。如果這是一個好的定義，那麼，只要可以把這三樣東西澈底分析，同時也就更能掌握「知識」這個概念。

首先，「真」指的是「事實真相」。依照大眾習慣的定義來說，也就是「存在一個客觀世界，而這個世界發生了某個事件，如果某個敘述跟這個所發生的事件吻合，那麼，這個敘述為真。」

這個看似簡單的一個名詞，竟然還要這麼麻煩的解釋，是因為在哲學思考裡，通常盡量減少使用一些大家覺得理所當然的預設。例如：「存在一個客觀世界，而且我們的語言可以正確對應這個客觀世界。」這樣的假設雖然在一般人心裡是理所當然的，但並非所有哲學家都認同，所以當我們有這樣的預設時，最好先說清楚，避免無謂的爭議。例如：對於反對客觀世界真實存在的唯心論者就不會接受這個預設，在這種情況下，也就無法接受這個定義。一旦不接受這個對「真」的定義，那針對「知識必須是真的」這句話就有不同的解讀了。

第二，合理的（justified）。英文字「justified」有一些不同的翻譯，有時翻譯成「證成的」，但是，事實上，「justified」並不見得表達有一個「證」的過程，更別說是證成了，所以，我覺得這樣的翻譯有些過度了。舉例來說，假設我跟 A 同學說：他的知識論期中考成績不及格。那麼，A 同學便具有這個知識，但這個知識對他而言，並沒有什麼證成的思路。

事實上，翻譯成「合理的」也容易引起誤會，這個合理性究竟是主觀的還是客觀的？而且有時會過於寬鬆，究竟怎樣的理由才算是合理的呢？這個地方十分模糊。假設我並沒有告知 A 同學不及格的消息，而是跟我交情不錯的同學跟他說，而且他也自認為考得不好，那麼，這個訊息來源也算是合理的，那他能否算是具有這個知識呢？視其為知識好像並不十分妥當。

另外有個翻譯是「有充分理由支持的」，但是，這樣的要求（有充分理由）也太嚴格了，而且大多數我們相信一件事情的時候都不會有充分理由，甚至科學知識都沒有這麼高的要求，也不符合原本的英文字義。

我認為從「justified」所表達的意義上來看，比較好的翻譯是：「具有從理智的角度上來說，感覺上還算不錯的理由支持」。當然，針對「怎樣的理由算是還不錯」也是模糊的，但事實上原本英文字在這部分也同樣具有這樣的模糊性，而且「支持」比「證成」更能把握原本英文字「justified」的意義。但是，這個翻譯用的字太多了，且不太實用，所以，我還是採用「合理的」這樣簡單的翻譯。

第三，信念（belief）。信念是由兩樣東西組成的：相信以及所相信的事實。相信是一種心理狀態，這樣的心理狀態關聯到一個事實。那麼，我們可以說，這個事實對於它的相信者來說是一個信念。從這裡我們也可以看出，除非我們對信念有其他的解釋，不然在這個對知識的說明中所談到的就只針對事實型知識，對於其他難以用語句表達的知識，並不在這樣的討論範圍內。

當我們把這三個東西組合起來用以了解知識時，就可以讓「知識」這個在日常生活中模糊不清的詞彙，用三個更好掌握的詞彙來分析它，這也可以讓我們針對「知識是什麼」的問題有更深入的分析。

問題與思考

1. 試著思考看看，是否有敘述不為真，卻還能稱之為知識？例如：我知道明天會下雨，但事實上依據天氣預報明天確定不會下雨。

此處雖然使用「我知道」，但其意義並非知識性質的知道，而比較像是一種「心中很篤定的個人預測」，這時比較精確的說法應該是，「我確信明天會下雨」。

2. 試著思考看看，是否有敘述缺乏合理理由支持，但卻還能稱之為知識？例如：我知道在高山上水的沸點低於攝氏一百度，但完全不知道為什麼會這樣，也沒有什麼合理的理由相信。

這類例子確實有些爭議，有哲學家認為，只要客觀上有好的理由支持即可，知識的擁有者不一定要知道這些理由。這個問題導致了所謂「內在論」與「外在論」的爭議。

3. 試著思考看看，是否有人不相信某個敘述，但卻仍舊擁有此知識？例如：小明說：「我完全知道演化論在說什麼，我具備有演化論的知識，但我完全不相信它。」

這個說詞有些混淆。精確來說，小明擁有關於演化論的知識，也相信「演化論到底說了什麼」，但並不相信這些內容。例如：小明相信「演化論主張人類由猿猴演化而來」，但不相信「人類由猿猴演化而來」。由於知道的東西和不相信的東西並不相同，所以這無法作為「知道卻不相信」的例子。

二、葛第爾問題：
合理的真信念不是知識的充分條件

葛第爾是哲學界一個非常戲劇性的人物。他在擔任哲學教職時期，因為多年寫不出可刊載在學術期刊上的論文來升等，而擔心被學校解聘。硬著頭皮寫了一篇不到三頁的論文，自己對該篇論文也沒什麼信心，但卻意外地在學術界掀起一陣熱烈討論，成了知識論教科書上的重要人物。這篇論文發表於一九六三年，他單靠這篇論文就升等成功，而且至今也只發表了這篇論文。

針對柏拉圖對知識的定義，當代美國哲學家葛第爾（Edmund Gettier）提出挑戰，並且主張「這個定義無法作為一個對知識的充分必要條件」。由於這個挑戰很成功，並在哲學界引發很大的迴響，許多學者投入思考如何解決此一難題。主要解決方式是在原本柏拉圖的（真的、合理的、信念）三個條件之外，提出第四個條件，甚至第五個條件，但無論提出何種新條件，仍舊很難達成充分必要條件的目標。這整個問題就被稱作「葛第爾問題」（Gettier's problem）。

葛第爾把柏拉圖的定義解讀成一個充分必要條件的定義，然後藉由舉出反例，否定柏拉圖的定義可以作為知識的「充分條件」，但他並沒有特別去反對它們是否屬於「必要條件」。當然這樣也就夠了，因為如果定義不能作為充分條件，勢必也無法作為充分必要條件。

實質上，雖然葛第爾問題源自於柏拉圖的定義，但未必算是在反駁柏拉圖，甚至也未必是在談論柏拉圖感興趣的問題。因為，柏拉圖可能原本就沒有要提出一個充分必要條件的定義。如果柏拉圖只是希望找一個能讓我們更清楚分析知識的定義，那柏拉圖的定義就不會遭遇葛第爾問題。

就像很多哲學家對「哲學」這個詞彙提出定義，這些定義對於解說何謂哲學的問題有幫助，但大概沒有一個解說是企圖提出一個充分必要條件的嚴格定義。然而，即使如此，葛第爾問題還是有其值得探討之處。因為在眾多學者嘗試補充條件來達成目標而依然失敗之後，它揭示了一個真相：「有些概念明顯無法用充分必要條件的方式來定義」。而探討為什麼會有這個現象，便讓我們對各種概念的形成與其結構有了更深的認識。

找出反例的方法

葛第爾用舉出反例的方式來主張柏拉圖的定義無法作為知識的充分條件。首先，先來解說一下什麼是「反例」，又如何運用反例來否定一個主張。

所謂的「反例」，簡單說就是違反某個主張的例子，這樣的例子就可用來反駁這個主張。舉例來說，某人主張：「只要努力就會成功」，那麼，我們可以找到一個非常努力但卻失敗的人來當例子，就可以反駁這個主張。如此一來，針對這個主張來說，這個案例就是反例。

又如有人主張：「所有烏鴉都是黑色的」，只要我們能找到一隻非黑色的烏鴉，就可以反駁這個主張，而這隻顏色奇怪的烏鴉就是反例。當然，這種單一例子只能用來反駁全稱主張，如果主張不是全稱，就沒什麼反駁力道。例如：如果有人說：「努力的人容易成功。」即使找到一個很努力卻又失敗的人，也無法作為反例，因為原本的說法並沒有表示一定成功。這個比較沒這麼篤定的說法，便可以容許反例存在，或者更精確地說，這種例子無法作為反例。

要反駁這種非全稱式的主張，就需要做比較嚴謹的科學研究。例如：隨機找一群努力的人和不努力的人，然後看看他們成功的比例，如果努力而成功的比例並沒有明顯較高，就可以用這樣的數據來反駁「努力的人容易成功」。

當然，即使有人說：「努力就一定會成功」，也還是要看一下說話者內心真正的想法，或許他並不是真的要表達所有努力的人一定會成功，可能只是一種比較誇大的激勵說詞而已，如果是這樣，舉出反例只是挑人語病而已，並沒有什麼太大的意義。

另外，有些說詞就算真的是全稱式，但一樣不可能會有反例。例如：「只要有充分的努力，就一定會成功。」這個句子的問題在於「充分努力」是一個不明確的詞彙，究竟怎樣才算充分努力？如果沒成功就不是充分努力嗎？如果是這樣，那就永遠不可能會有反例了。類似這種不可能被否證，但乍聽之下又很有道理的主張，通常歸類為「偽科學」。社會上偽科學很多，甚至還能成為暢銷書，這表示眾人辨識偽科學的能力不足。而「反例是否可能存在」，就成了辨識偽科學的一項重要工具。

充分必要條件的反例

那麼，我們要如何尋找充分條件與必要條件的反例呢？舉例來說，假設有人主張：「以地球上的生命來說，水是生命不可或缺的要素」，這個主張把兩個事件（水的存在與生命的存在）以必要條件的方式連結起來，這個說法主張「在地球上，水是生命的必要條件」；也就是說，如果沒有水就不會有生命。用邏輯

式來表達就是 –W → –L（W：水存在。–W：水不存在。L：生命存在。–L：生命不存在。），而反例就是使這個邏輯式為假的例子，這個邏輯式要為假，必須前項為真而後項為假，也就是「–W」必須為真，而「–L」必須為假。反過來說，也就是 W 必須為假而 L 必須為真，如果有這樣的例子就是反例。

用自然語言來說，即是沒有水存在（W 為假）卻仍有生命存在（L 為真）的例子就是反例。如果我們可找到一種生物，或甚至只是一隻生物，而這種（隻）生物不需要水也可以生存，那麼，我們就成功的找到了反例來反駁這個針對必要條件關係的宣稱了。

針對充分條件的反例也是一樣。例如：「當可燃物與助燃物都具備，而且可燃物也被加溫到達了燃點，那麼，這個可燃物一定會燒起來」。這是針對燃燒之充分條件的主張，當三個條件同時成立時，一定會有燃燒現象。

這時我們可以說：這三個條件加起來就形成了燃燒的充分條件。當我們要找反例，就去找一個例子可滿足三個條件，但仍舊沒有燒起來。如果找到這樣的例子，就是反例，就可用來反駁上面的主張。

假設有一天，我在某個四處都有氧氣（助燃物）的房間裡用打火機（溫度到達燃點）企圖點燃一張普通的紙（可燃物），這時無論如何都點不起來，那麼，這就有可能會是一個反例事件，表示光是這三個條件可能不夠。如果再仔細研究下去，說不定會有重大發現。如果反例真的存在，我們就可以說：這個針對燃燒充分條件關係的宣告是錯誤的。

知識的充分必要條件

當我們把柏拉圖的定義（知識是合理的真信念）當作是知識的充分必要條件，可以用如下方式表達。

某人 S 知道某事 P 時，其充分必要條件為：

1. P 爲眞。
2. S 相信 P。
3. S 有合理的理由相信 P。

也就是說，這三個條件都是「S 知道某事 P」的必要條件，而且這三個條件合起來成為「S 知道某事 P」的充分條件。

如果不同意這個定義，便可以嘗試提出反例。例如：如果舉了一個例子說明「當某人不相信某事，但卻依然可以說他知道某事」，那就成功指出「S 相信 P」並非「S 知道 P」的必要條件。

如果可以舉例指出，當條件一至三都符合（也就是 P 為真、S 相信 P、而且 S 有合理的理由相信 P 都成立）的情況下，我們仍然不認為「S 知道 P」，那就成功舉出這三個條件合起來並不是「S 知道 P」的充分條件。

葛第爾的例子是利用陰錯陽差的方式碰巧相信某件事實，以至於我們不會覺得這個人真的知道那件事。舉例來說，我親眼看見 A 這個朋友吃榴槤冰棒。於是我知道命題 P（A 是那種會吃榴槤冰棒的人）。然而，我真的知道嗎？

在這種情況下，一般來說我們會認同，而且也符合柏拉圖的三個條件：P 為真、我相信 P、我有合理的理由相信 P，到這裡都沒什麼問題。然而，問題在於其實我看見的人不是 A，而是和

A 長得很像的雙胞胎兄弟，我過去一直都不知道有這個人存在。在這種情況下，就不適合說「我知道 P」。我們不會認同在這種情況下還能算是知道。

然而，或許有人會說，雖然知識的後兩個條件滿足，但第一個條件不一定能滿足。真正的 A 可能並不吃榴槤冰棒，也就是 P 為假，這就不符合全部的三個條件。可是，問題在於 A 碰巧也是那種會吃榴槤冰棒的人；也就是說，在這種情況下，三個條件都滿足了。依據知識充分條件的定義，我便可以說，我知道 P。但依據日常生活中對「知道」這個詞彙的用法，我們不會認同這種情況也可以算是知道。所以，這樣的例子就成了反例。

在葛第爾論文提出後，學者大多認同反例的成立，於是開始設法提出第四個條件來達成充分必要條件的目標。例如：主張證據和信念之間需要有因果關聯，這樣就可以防止這種陰錯陽差的情況。但是，這個條件不僅過強而變成不適合當必要條件，甚至也無法阻止其他反例出現。

就這樣，數以百計的論文出現，均意圖解決此一問題，形成一場史上知識論的葛第爾難題挑戰賽。但直到現今，也沒人能提出最終的解答。為什麼會這樣呢？

問題應該是出在許多日常概念很難用充分必要條件式的方式來規範，這就像當代哲學家戴維森（Donald Davidson）指出，與心靈經驗相關的詞彙難以被充分必要條件所定義。也因為如此，這些經驗難以被化約為可受充分必要條件規範的物質概念。由於「知道」或是「知識」也類似於心靈經驗概念，所以具有類似的問題。然而，為什麼心靈相關經驗的概念難以被充要條件所定義呢？這就是另一個值得深入思考的問題了。

問題與思考

1.「那位長得很帥的陳大胖議員貪汙。」如果這個敘述為真，可作為以下那個主張的反例？

(1) 姓陳的都不貪汙。

(2) 政治人物都不貪汙。

(3) 貪汙的人都長相醜陋。

(4) 以上皆是。

(4) 以上皆是。

2.「在民主國家的選舉裡，如果獲得最多人投票支持則會當選。」在什麼情況下會有反例出現？是否已經存在任何真實的反例？

在美國這個民主的選舉人制度中，獲得最多人民支持與選票的人，不一定會當選總統。

3. 試想出另一個知識充分必要條件的反例。

只要符合知識三條件，並且讓人覺得這樣不算「知道」的情況就可以作為反例。通常只要是陰錯陽差地知道都會變成反例。例如：假

設我在房間裡讀書聽到雨聲，於是我說：「外面現在正在下雨。」由於我有很好的理由相信，但事實上，我聽到的雨聲是有人在客廳播放自然音樂：而且碰巧外面真的在下雨，但雨並沒有大到發出讓我聽到的聲音，雖然碰巧為真，我們不覺得這種情況適合算是「知道」。

三、尋找「真」的意義

「眞的假的？」這是現代人的口頭禪，但只是用來表達內心的驚訝，並非眞的是在詢問眞與假。「眞是的！」這也是現代人的口頭禪，用以表達輕微的負面情緒，也不是在說眞假的問題。「眞」這個字有很多用法，有著不同的意義。即使當我們確實用來表達眞假時，也不一定就是在談我們以爲的眞與假。

我們常常在說什麼是真，又什麼是假。大概從來沒有懷疑過這個真假的區別有什麼問題，當然也從來不會質疑真與假所表達的意思。不會有人詢問：「請問你說『這件事情為真』是什麼意思呢？」如果在日常生活中，真有沒學過哲學的人這麼問了，此人若非白痴，就是天才。

「真」就是符合客觀事實

舉例來說，如果我說：「大崙山上有一條龍。」那麼，這句話是真還是假呢？如果是真，那就代表大崙山上真的存在一條龍，否則便是假。這個判斷真假的方式很簡單，也很符合我們日常的習慣。簡單的說，一個句子若是符合客觀真相就為真，否則就為假。

這個我們習以為常的對「真」的定義，稱之為「符應論」（correspondence theory）或更明確地稱之為「真理的符應論」（correspondence theory of truth）。那麼，我們或許會想問：「這個定義有什麼問題嗎？」是的，如果沒問題，就不會把它當作一個理論。

想像一下，當我們走出一個虛擬實境，或是一個幻境，甚至夢醒後，當我們詢問剛剛那些事物是否「真的」存在時，我們便感到困惑了。那些事物都是假的嗎？明明感覺這麼真實，為何是假的？那都是真的嗎？明明只是虛擬的，為何可以說是真的？

要解開這個困惑最簡單的方法，就是去區別主觀與客觀。主觀上那些事物是真的，因為感覺就像真的一樣；但客觀上卻是假的，這個回答大概可以獲得多數人的認同。但是，再更深入思考，我們會發現事情沒這麼簡單，問題在於我們要如何區別主觀的真和客觀的真？而且，更重要的問題在於，我們怎麼知道現在的人生，其實並不是虛擬實境？會不會其實我們現在就是在一場夢中？一場名為人生的遊戲裡？如果是的話，那我們所謂客觀的真，其實只是另一種主觀的真而已。

在電影《駭客任務》（*The Matrix*）中，當人類被電腦控制之後，電腦為了要從人類的運作機能中獲取能源，而製作了一個（我們以為）現代世界的電腦程式，讓每一個人都認為自己生活在這個世界，而實際上我們一出生就被包裹在培養液裡，身上插了許多管線藉以傳送訊號與養分。一旦有一天我們從這樣的培養液裡被喚醒，而且拔掉所有虛假的電腦訊號，才能從一個虛擬世界返回真實世界。

雖然這部電影逼真有趣，但人們從電影院出來後並不會懷疑自己如劇情所言，是活在被電腦控制的虛擬世界裡。但是，誰能證明呢？

桶中之腦論證主張我們無法確認客觀事實

在《駭客任務》電影更早之前，美國當代哲學家普特南（Hilary Putnam）已提出一個名為「桶中之腦」的思想實驗，假想我們可能只是一個在培養液裡插滿管線的大腦，且嘗試思考自己並不是這樣的一種存在。後來發現，無論如何都無法成功證明自己不是。所以，我們其實無法證明自己所接收的訊號不是來自於電腦。那麼，從客觀知識的角度來說，當我們說「我知道P」時，我是否可以確認這個 P 是「客觀事實」呢？答案是，沒辦法！

事實上，這個問題在哲學史上已經有很長時間的討論，早在數百年前笛卡兒的惡魔論證也和這個論證很像，只是把電腦換成喜歡騙人的惡魔而已。我們無法證明眼前世界並非惡魔為了欺騙我們所創造。甚至兩千多年前，《莊子》一書裡的「莊周夢蝶」故事就已有類似論述。莊子夢到自己是蝴蝶，他疑惑究竟何者是夢？何者是真？是莊周夢蝶，抑或是蝶夢莊周呢？有什麼好方法可以去區分它們嗎？我們可以確認自己其實不是在做夢嗎？

對於經過這麼久討論的這個問題，一個公認看法是：我們無法證明自己真的活在客觀世界裡，不能肯定所生活的世界就是真實世界。最多只能說，我們生活在一個現象世界中，這些栩栩如生的現象環繞在我們周遭，但是，這些現象可能都不是客觀真實的，直到有一天我們從這樣的虛幻世界中醒來，才能看見真實世界，但即使如此，也一樣無法確認那不是另一場夢。

所以，基本上我們不太能夠判斷一件事情是否真為客觀事實。在這種情況下，為何理所當然地把「真」定義成符合客觀事實？如果實際上根本做不到，那這個定義有何意義呢？而且，更重要的是，我們實際上也不真的是這樣在做真假判斷，但卻又把這樣的判斷當作真假的定義，這不是有些可笑嗎？因此，我們有必要把「真」這個概念再仔細探討一番。

「真」就是和其他信念具有一致性

在日常生活中，我們判斷真假的方式大概有兩種，但這兩種都不是走在「客觀事實」的軌道上。

舉一個簡單的例子：「蘋果成熟後掉到地上是受到地球重力吸引的結果」，這是牛頓萬有引力的科學觀點。但事實上，從來就沒人見過「重力」這樣的東西，我們只是用這個觀念來解釋蘋果落地的現象，也因此無法確認這是不是客觀事實。但是，這個學說和一切我們所知、所見以及所信的是互相一致的，因此，我們認定它為真。然而，「和一切我們所知、所見一致」以及「是否為客觀事實」兩者之間，其實並沒有這麼緊密的聯繫。

也就是說，當仔細回頭省思我們的認知過程後發現，思路其實不是沿著「客觀事實」的衡量標準在判斷真假，實際上是跟我們內心其他知識比較後再判斷真假。只不過由於我們認定一切為真的事物都客觀存在，所以當這一切都和我們認為的客觀存在事物吻合時，便判定它們也客觀存在。但從根本上來說，這個客觀事實的認定本身就沒有什麼好的依據，它是有問題的，只是個一廂情願的想法。

那麼，從較嚴格的標準來說，把「真」定義成客觀事實並不適當。當然，也不是說一定就不能把真當作客觀事實，一致性和客觀事實也並非毫無瓜葛。我們基本上認同客觀事實真相是不會互相矛盾的，所以在此基礎上，不互相矛盾確實可以用來作為是否為事實真相的判斷標準之一。只不過這樣的衡量標準並非必然，就像在邏輯上，當「若 P 則 Q」成立時，並不代表「若 Q 則 P」也同時成立。

當我們期待一個更符合實際思路的判斷，於是就有了另一種「真」的定義，叫做「真理的融貫論」（coherence theory of truth）。這個定義主張，所謂「真」，其實就是「和所有已具備的其他知識互相融貫」。這樣的定義雖然和我們在語詞上如何使用「真」的習慣不符，但確實比較符合真實認知狀態。

如果有一天，我們要暫時捨棄一種客觀世界存在的世界觀時，或許就可以轉換成這樣一種新的定義。而且，如果傳統「真」的定義在解讀柏拉圖的知識定義遇到困難時，改用真理的融貫論也是一條可能的思考路線。

「真」就是有用

日常生活中，我們還有一種衡量真假的方法，這個方法也形成了另一種「真」的定義，這是實用主義真理觀：「真就是有用」。

如果一個理論是正確的，那麼，我們便可以藉由這個理論辦到一些事情。簡單的說，它會有用處，否則便會無用。這也是我們日常生活中判斷真假的好方法。

舉例來說，假如當代科學都是錯的，但我們卻可以藉由當代科學造出登陸月球的飛行器、精密的電腦設備，這簡直就是天方夜譚。這些用處，回頭證明了這些理論的可靠性。

另外，假設我想到一種新的病毒理論，主張病毒其實是一種邪惡的精神體化身。不管感染哪一種病毒，都可藉由驅邪達到解救的目的；而驅邪的最簡單方式就是正能量，並且假設在大自然中，山中瀑布是個充滿正能量的地點，只要待在瀑布旁邊一段時間，就可以化解任何病毒。那麼，如何判斷這個理論是真還是假呢？很簡單，試試看就知道了。如果多數人試過後都有效，那我們就傾向於認為它為真，否則為假。

不管這個新病毒理論跟我們原本的知識有多麼格格不入，有用就是大爺、就有話語權。即使這個理論跟現代觀點差異極大，無法讓所有人信服，但只要有效，令人相信的威力便十分強大。那麼，實用主義者就主張，所謂的「真」，其實就是指「有用」。

再以另一個例子來說，目前科學採取唯物論的世界觀。也就是主張宇宙中的存在物全部都是物質，沒有什麼非物質精神體之類的存在。也就是說，民間信仰主張的靈魂，是不被科學界認同的。然而，事實上少了靈魂概念，很多現象無法解釋。像是量子力學中，粒子明顯會受意識觀察的影響，還有其他像是離體經驗、瀕死經驗、前世記憶等，都很難在沒有靈魂觀念的情況下給出好的解釋。但科學界基本上還是不太願意採用靈魂概念，理由其實也很類似，因為靈魂無法偵測、無法研究，就算假設其存在，其實並不會獲得什麼有用的研究成果。即使理論上看起來較好，但實質上是沒有用的。也因為如此，學者們傾向於不接受其存在。

「真」的意義究竟是如何？

真理符應論、真理融貫論以及實用主義真理觀，是三種對真理最普遍的定義。談到這裡需要特別注意，此處問題的重點並不在於「該如何判斷真假」，而是「真假該如何定義」。簡單的說，這裡要問的是「真」這個概念，究竟應該是什麼意思較適合。

我們可以透過實際判斷真假的方法來定義真假，像是融貫或是有用與否；當然也可以不這麼做。因為「融貫」和「有用」也都可以納入作為符應論真理觀的真假特徵、判斷標準，但不需將其當作是一種定義。

我們還是可以依據習慣把「客觀事實」當作是定義，主要是因為這比較符合我們現有的世界觀。我們可以僅僅把融貫與實用當作是判斷真假的方式，只不過需要注意的是，我們可以證明一件事情融貫或是有用，但其實無法真正證明一件事情是「客觀事實」。

如果沿用此傳統定義的符應論，並將其當作追求的目標，那麼，這個目標是無法達成的。最大的問題在於，所有知識都是主觀的，而且永遠無法跳脫主觀通往絕對的客觀。「客觀事實」這個詞彙，就是天邊的一顆星，無論我們的車開得多快、花費多少時間，都無法到達終點。

在十八世紀，德國哲學家康德就已經有類似的看法，他在《純粹理性批判》這本著作中，主張我們的知識永遠無法到達屬於絕對客觀的物自身（things-in-themselves）。而在現代科學哲學領域中，許多哲學家們也具有這樣的觀點。像是波普在《客觀知識》（*Objective Knowledge*）中提出，科學不斷在追尋真理，但也只能不斷趨向真理，卻永遠無法到達，那是一段無止境的旅程。而現代哲學家孔恩甚至也在《科學革命的結構》一書中主張，科學發展不是一種知識累積的過程，而是典範轉移過程，意思是說，所謂科學進步只不過是不斷轉換觀看世界的方式罷了，跟真理毫無瓜葛。

我們之所以會面臨這種知識的困局，或許只是因為我們錯用關於「真」的定義，或是採取了錯誤的世界觀。當然，也可能是因為我們還沒有找到那個真正通向真理的道路。

問題與思考

1. 是否存在不一致的東西，但兩者皆為真呢？例如：人心的矛盾，「我既愛他又不愛他！」這是否可能？如果可能，是否代表真理不一定互相一致？

人心似乎有可能出現衝突的兩種看法，但這與客觀世界具有一致性並不衝突，因為人心是主觀世界。如果唯物論為真，對應於兩種互相衝突觀點的客觀神經作用應該不是互相矛盾的，而是存有一種神經作用可以對應矛盾的心思。

2. 是否存在無用的事實真相？例如：棒球比賽主審誤判我被三振，就算我是對的，但一點用處也沒有。

基本上這個真相還是有用的，至少對自己反思球技、追求未來進步還是有幫助。

3. 是否存在非客觀的事實真相？例如：我夢見一隻獨角獸，或是我看到竹竿在水裡彎曲。

夢與錯覺都不是事實真相，但我有這些夢與錯覺卻是客觀真相。

4. 你認為哪一種「真」的定義較好？是否在不同情況下有不同的優劣？

第四篇

知識的懷疑

所有信念都至少要懷疑過一次。

——笛卡兒（René Descartes，1596-1650）

一、真金不怕火煉，真知不怕懷疑論

老師：「人們應該培養懷疑精神，什麼都可以懷疑看看。」

學生：「針對事實眞相，爲何要懷疑？這不是浪費時間嗎？」

老師：「如果沒有先懷疑，又如何知道它是事實眞相？」

學生：「但有些事情就很明顯是事實眞相啊！」

老師：「是否曾經很確定某些自以爲的事實眞相，到頭來卻發現是錯的？如果有這樣的經驗，如何可以確認這次不會再發生？」

在哲學書籍裡，常常會看到「○○論」或是「○○主義」，這些大多指的是一種主張。例如：「唯物論」主張世界上一切，包括人心在內的所有存在物都是由物質所組成，不存在有所謂非物質的靈魂。而「效益主義」主張行為的善惡應由其所導致的各種後果之效益來衡量，正面效益多則為善，反之則為惡。

然而，有時這些專門術語並不指涉特定主張，而是某個類別的主張。例如：所有探討知識的哲學都可歸類為「知識論」。「懷疑論」（skepticism）這個詞也類似，乃是屬於某個理論類別。只要懷疑某種大眾認可為存在事物的主張，都可歸類為「懷疑論」。

然而，有懷疑精神的人和懷疑論者，兩者意思不太一樣。如果我懷疑鬼魂的存在，基本上比較不會使用懷疑論這個詞，通常必須去懷疑那些大多數人比較不會懷疑的事物，才會被稱之為懷疑論者。所以，有懷疑精神的人未必是懷疑論者；反之，懷疑論者也未必就是有懷疑精神的人。懷疑論者並不是指那種懷疑精神特別強的人，而是特別會去懷疑一些大多數人都不會懷疑的東西的人，但平常生活中說不定一樣缺乏懷疑精神。

具有懷疑精神的人在日常生活中比較不會被謬誤的言論所迷惑，在追求真理的過程中，比較能夠開拓新的思維疆域。我們通常會鼓勵他人成為有懷疑精神的人，但通常不太會建議他人成為懷疑論者。

「懷疑論者」這個詞有時會被用來作為負面稱呼，認為有些人懷疑一些沒必要懷疑的東西，實在太沒意義了。然而，在思想史上，許多知識上的重大進展，卻常常源自於懷疑論者所提出的挑戰。懷疑論在日常生活中看似沒什麼價值，但在理論基石的建立上，以及追根究柢的深度思考上，常常扮演著重要的角色。那是因為要破除一些人類集體的迷思與偏見，常常需要懷疑論的助力。

誰可以做到有幾分證據講幾分話

我們常說，人們應該做到「有幾分證據講幾分話」。或者說，有幾分證據就相信幾分，這樣才具有科學精神。然而，真要做到這點其實比想像中難很多，甚至可以說辦不到；否則，每個人大概都會變成懷疑論者。就以每天面對的「客觀世界」來說，根本沒人可以證明客觀世界確實存在，如果真要有幾分證據就信幾分，那每個人都應該懷疑客觀世界的存在。在這種情況下，大家就都是懷疑論者了。以下我們用一個有趣的小故事來談論這個觀點。

有四個來臺旅遊的學者一起搭車經過蘭陽平原，他們分別是天文學家、物理學家、數學家以及哲學家。從草叢間的一個空隙，他們看到窗外一隻黑色的羊，於是，天文學家說：「原來蘭陽平原上的羊是黑色的。」這時物理學家聽到有點不高興，他說：「怎麼做出這麼沒有科學精神的推理，你又沒看到其他羊，說不定整個蘭陽平原就只有一隻黑羊，其他都不是黑的。當我們看到一隻黑羊，只能說：『在蘭陽平原上，至少存在一隻羊，而這隻羊是黑色的。』」

這時，原本聽得很高興的數學家差點把喝到嘴裡的可樂噴出來，他用袖子抹一抹嘴邊，然後說：「拜託！看到幾分證據就講幾分話好嗎？從我們所能觀察到的情況來看，只能說：『在蘭陽平原，至少存在一隻羊，而這隻羊的某個半面是黑色的，說不定牠的另一面是別種顏色。』」

這時，哲學家聽了在旁竊笑，數學家看到很不高興，因爲他覺得已經做到有幾分證據講幾分話了，於是他問哲學家：「難道這樣還不夠精確嗎？」

哲學家說：「你能確定那裡眞的有一隻羊嗎？會不會只是一個圖片看板，或是一個小孩穿著羊的衣服在玩，或甚至只是一個幻覺？我們只能說：『在蘭陽平原，至少存在一個現象，這個現象讓人看起來像是一隻羊，而這隻羊的某個半面是黑色的。』」

這個故事要表達的是，在日常生活中，我們常常忽略一些可能性，而理所當然的接受某些自以為精確、但實際上證據仍舊不足的想法。當我們運用理智重新省思這些想法時，往往會發現它們仍舊是可疑的。大多數人認同應該用有幾分證據講幾分話的精神來推理，但是，卻只有少數人可以接受懷疑論的主張，多數人還是認為不需要這麼挑剔。那麼，問題在於挑剔到底要到達什麼程度才算適當呢？這個標準又是怎麼訂定的？

假設這四個學者下車跑去尋找更多證據，他們看到這隻羊的每一面都是黑色，這隻羊會動也會叫，而且摸起來就是一隻活生生的動物，那麼，我們是不是不該再懷疑了？至少應該接受物理學家所說：「在蘭陽平原上至少存在一隻黑羊。」這是一個大家普遍接受的想法，但是，事實上對懷疑論者來說，這些證據還是不夠，因為發生錯誤的機會還是有的。只有在錯誤的可能性達到零時，懷疑論者才會接受一個對真實存在物的主張，但很不幸的，人類到目前為止似乎還無法做到這點。想像力總是超越著真正能證明的程度，在人類了不起的想像中，錯誤的可能性還是存在。

懷疑論的意義與價值

懷疑論所懷疑的，大都是針對我們平時不會懷疑的東西，例如：我們真的能夠認識這個世界嗎？這個世界真的存在嗎？

基本上我們在日常生活中不會去質疑這些東西，因此，許多人會認為，質疑這些東西是很無聊的，根本只是沒事找事做。但也有人認為，雖然這樣的質疑沒什麼必要，但還是有益的，因為，它可以訓練思考能力。然而，這兩種想法都把懷疑論看得太過膚淺。實質上，所有可以被懷疑的東西，真的都有被懷疑的價值。

試想在日常生活中，有哪些東西不值得懷疑？對於古人來說，質量與能量的區別、空間與時間的區別沒什麼好懷疑的，但是，現代科學卻將它們都關聯起來，並視為同一件事物。曾經人們認為神的存在是不容懷疑的，男人比女人優秀是不需懷疑的，但是，現在的我們大都會懷疑這樣的想法，甚至否定這樣的想法。那麼，我們現在認為不需要懷疑的東西，跟過去人們認為不需要懷疑的東西，有什麼根本上的差別嗎？目前我們認為男女應該平等、平權，我們的理由有比過去主張男尊女卑還要好嗎？或許未來會認為女人才是比較高等的生物也說不定。

當我們懷疑現有的某些觀念時，我們的思想就開始嘗試掙脫出時代的束縛，如果成功掙脫，就能遨遊於更廣闊的思想世界。在這更廣闊的思想世界中，我們或許可以找到更可靠的知識或是真理，這便是懷疑論的最大價值。

就以曾經對人類知識史上做出巨大貢獻的愛因斯坦來說，若不是他先懷疑了當時大家公認的整個物理學架構，也不可能讓思想突破困局，得出「空間彎曲」、「速度讓時間變慢」等不可思議的相對論成果。一顆不受束縛的心，永遠是創造力的源頭，也是人類進步的重要動力，而滋養它的養分，則可以透過懷疑論來獲得。

問題與思考

1. 是否曾經很確認某件事情，到頭來卻發現是錯的？請分享自己的經驗，並討論該如何預防這種情況再度發生？

2. 是否有些事情真的沒有懷疑的價值？

應該有。像是我叫什麼名字，我想不出懷疑這件事情的意義何在？

3. 是否有些事情儘量不要懷疑比較好？

有。像是儘量不要懷疑朋友，這是一種信任的德性。但確實有人被朋友出賣，如何在兩者之間找出一個平衡點，是做人處事需要思考的重要問題。

二、對「自我」的懷疑

「我是誰？」「誰是我？」這不是失智，而是當我們深入思考「我」這個概念究竟指涉什麼時，容易產生的疑惑。這個疑惑不僅出現在東方的冥想思維裡，也出現在西方的理性思考中。不同的思路，看見相同的問題。

「我存在嗎？」這句話常在文學作品中出現，是令人很有感的一句話。但如果真實世界中有人這樣問，大概會被懷疑腦子有問題。讓我們仔細分析看看，是否真能質疑「我」的存在？

十七世紀法國哲學家笛卡兒說：「我思故我在。」這句話的意思是說：「我」的存在是不容懷疑的。因為，只要「懷疑」（思考），就已經證明「我」的存在了。因為，只要有「懷疑」，就必須預設一個懷疑者，也就是所謂的「懷疑的主體」。沒有懷疑主體就不會有懷疑，那麼誰是那個懷疑主體呢？當然就是正在懷疑的那個「我」了。所以，笛卡兒認為「我的存在」這件事情無法被懷疑。也因為無法被懷疑，所以可以作為知識的根基。笛卡兒的知識論系統，就是以此為根基來打造的。

先不談笛卡兒這種典型的、主張知識有根基的「基礎論」思維，讓我們好好省思一下，「我」真的不可被懷疑嗎？首先要注意，此處的「我」，並不是那個有血有肉的我，而是一股思維正在運作的我。想像一下，假設有個人已經死了，剩下的靈魂在空中漂泊，他正在思考、懷疑自己是不是真的死了。這時一樣有思考，有個懷疑主體在那裡。這個主體，就是笛卡兒所談的「我」。這個「我」並不一定要有個身體，那麼，這個「我」能夠被懷疑嗎？其實可以。

笛卡兒死後六十年才誕生的英國哲學家休謨，便針對笛卡兒的論述來懷疑這種自我的存在。而事實上，早在幾千年前，佛學就已經主張「無我」，現代哲學界的「取消唯物論」（eliminative materialism），也依據神經科學證據推出「自我」並不存在。

笛卡兒錯了嗎？

笛卡兒認為不可被懷疑的自我，指的是思考時的主體面向，簡稱為思考主體。當思考發生時，當然一定會有思考主體的存在，我們很難想像有思考卻沒有思考主體，如果真的沒有，那我們大概不會用「思考」來稱呼它，而僅僅像是電腦的自動運算而已。當電腦運作時，我們認為電腦依據演算法在做運算，不會認為它在思考，所以也不會認為運算之中有個思考主體存在。

所以，單以這個思考主體來談，說它不可被懷疑，只要不要太過挑剔，倒是沒什麼大問題。在這個點上，大致上沒什麼反對意見。

但是，問題在於這個思考主體在思考完畢後是否繼續存在？例如：當我在短時間內遇到很多倒楣事而懷疑人生的時候，有個思考主體在懷疑人生。但當我不再繼續思考時，不管是在放空，還是去睡覺；這時這個思考主體還繼續存在嗎？而在下一次思考時，是否為同一個思考主體又繼續運作呢？

後面這些問題就有懷疑的空間了。笛卡兒心目中的自我，如果只是思考當下的那個思考主體，那麼問題不大，但如果認為這個思考主體在思考後繼續存在，而且下一次思考時，同一個思考主體又繼續運作，那就有問題了。休謨的懷疑就是針對這種可以持續性存在的自我，我們如何認定十年前的自我和現在的自我是同一個自我？這個問題稱之為「自我同一性」（self-identity），我們其實找不到好的根基來主張兩者是同一件事物。

至少，從休謨的經驗主義角度來說，由於他認為一切知識都來自於經驗，而且在我們所有的經驗中，找不到一個可以支撐這種自我恆常性存在的根基。於是，這個關於自我的概念顯然很空洞，而且很可能只是一個虛構的概念。

取消唯物論對自我的否定

當代心靈哲學的主要支派之一「取消唯物論」主張，我們對心靈與意識的認識是建構在一些錯誤語言與思考的架構上，以至於衍生出許多難以解決的問題。而其中一個錯誤認識，就是關於「自我」的觀點。

我們想像內心中有一個像是靈魂核心般的「小人」（自我）在處理各式各樣的思維，這個想像導致一個思維主體的存在感，於是想要探索這個自我。但由於這整套思維都是建構在一個錯誤、虛構的想像裡，所以便製造了一個難以解決的問題。而依據神經科學對大腦的觀察，我們其實找不到這樣的一種存在。沒有任何一個大腦的特定部位，可以代表這個作為思維主體的我的存在。

然而，從這個角度來說，取消唯物論也不算完全否定笛卡兒，因為取消唯物論還是認定在我們內心確實出現了思維主體，只不過他們認為那是一種因錯誤觀點所造成的虛構存在。

不過，笛卡兒倒是不會認同這個取消唯物論的反駁意見，因為笛卡兒認為心靈不是物質，也不是由物質產生的，他認為心靈屬於非物質實體，所以在大腦裡找不到屬於心靈範疇的自我，那不是剛剛好嗎？所以，取消唯物論與笛卡兒真正的衝突點，在於心靈實體是否存在的問題。這個問題在過去科學發展的數百年間，由唯物論獨占鰲頭，但近年來主張心靈實體存在的聲音也開始響亮起來。

佛學以「空」談無我

歷史最悠久的否定自我的觀點，屬於東方的佛學思想。佛學強調的無我，和休謨對自我的懷疑類似，都是屬於一個持續性存在的那個自我，而不是針對只在思考中呈現的那個主體。如果只談思考狀態下，轉眼即逝的主體，佛學並不會反對自我的存在，但認為這種存在是緣生緣滅的。

佛學主張一切皆空，「一切」當然包含了自我在內。這個關於「空」的主張，認為事物沒有一個恆常性、沒有一個可以作為支撐事物存在的本質，一切都在某些緣起條件符合的狀態下出現，而在某些緣起條件不在的時候，便不再繼續存在；萬事萬物皆緣生緣滅。

這個空性觀，就是作為佛學「一切皆無須執著」論述的主要依據。佛學認為煩惱來自於執著，只要明瞭一切皆無須執著，自然就能排除大部分的煩惱。當然，佛學相信一切皆空、無我，並不只是因為這個觀點可以減少煩惱而已，而是主張這些都是事實。但如何證明這些都是事實真相呢？這就必須訴諸「自我知識」，返回內心去觀察，當我們透過不斷深入內在的觀察，一層一層剝開自我的表象之後，最後會發現裡面什麼都沒有。到那個時候，便能親自證悟無我；這是一種屬於透過冥想修行而自證的知識型態。這種知識的優點是，只要親自看見，就能完全明瞭；缺點則在於只要沒有親自證實，就永遠無法直接確認這個知識。

針對這個觀點，常常會有人提出一個問題，佛教不是主張輪迴嗎？如果沒有這個像是靈魂一般恆常的自我，那是誰在輪迴呢？針對這個極具挑戰性的問題，佛學裡有許多精彩的解答，但都不易簡單敘述，就不在此離題了。

問題與思考

1. 有什麼東西，我們覺得它是一樣東西，但實際上並不是，或至少很難定義這樣東西？

一堆放在一起的木材正在燃燒，看起來像是一把火，實際上是很多把火的集合體，而且每一瞬間的火都不是同一把火。下大雨時，山壁上形成的瀑布也類似此道理。

2. 你是否認同「十年前的你和現在的你，即使在身心等方面有些改變，但仍然是同一個人」？理由為何？

(1) 記憶。但記憶也不斷在改變，而且萬一失憶了，是不是就不再是同一個人了？(2) 身體。如果 A 的大腦移植到 B 身上，那這個人是 A 還是 B？(3) 靈魂。但什麼是靈魂呢？靈魂和自我會不會在某個層面上根本就只是同義詞？(4) 連續性。一個逐漸改變脈絡的事物保有連續性，就可以稱之為自我嗎？如果是的話，這等於重新定義自我，不再主張「自我」是一種具有恆常性本質的事物。

3.「無我」和「輪迴」是否必然衝突？有什麼好方法可以同時接受兩者？

意識的連續性可以作為一個可能的解答。生前、死後以及來生，沒有任何恆常本質性的事物存在來支撐自我，而是一股不斷地、連續流動著的存在；就像是河流不間斷的流動。

三、對「因果」的懷疑

科學主張「凡事必有因」，尋找「因」就是科學進展的方向。科學也主張「宇宙起源於大爆炸」，那麼，大爆炸的因是什麼？如果大爆炸沒有因，那「凡事必有因」就是錯的；如果大爆炸有因，那「宇宙起源於大爆炸」就是錯的。究竟孰是孰非？或許，另一個可能的解答是：「根本就沒有所謂的因果。」

「凡事必有因。」這是一個大家都有的信念，也因此會不斷探索各式各樣的原因。情人關係變差了，是什麼原因造成的？房子崩塌了，是什麼原因造成的？身體不適又是什麼原因造成的？了解原因也就衍生出各種知識。

像是探索生命生成與變化的原因，便誕生了生命科學；探索氣候變化的原因，便形成了大氣科學。物理學也來自於探索萬物運行的各種原因，最後得出「大爆炸」是一切的源頭。然而，在關於起源的探索中，我們遭遇了困難。凡事必有因的「凡事」，是否包含著這個大爆炸呢？也就是追問「大爆炸有原因嗎？」有的話，還能算是「起源」嗎？沒有的話，那「凡事必有因」就是錯的，不是嗎？

弄錯因果，是錯誤知識的主要來源之一

因果的探索，幾乎等同於知識的追求，但所認定的因果卻未必是對的，這也是錯誤知識的主要源頭之一。許多人與他人交惡，人際關係不良，卻始終沒弄清楚真正的原因是什麼，以至於問題不斷；許多人弄錯了生病的原因，讓病情難以根除。這些都

顯示出因果知識的重要性。但是，人類邏輯本能地在因果連結方面常常過於輕率，以至於容易衍生出錯誤的個人因果判斷。

舉例來說，我們很容易判斷他人有惡意。別人明明只是在煩惱自己的事情忘了打招呼，就會誤以為別人對自己不滿。我們也很容易把時間順序當作因果關係，就像吃了某樣東西病好了，或是有人打了疫苗後死亡，就覺得兩者間有直接因果關聯；這些都是很難避免的自動推理。要如何避免輕率因果連結而得出錯誤知識，其實是一個不太容易的能力訓練。這樣的訓練，幾乎就等於是科學精神的訓練。所謂科學精神，就是要找出一切可能出錯的地方，用懷疑的態度一一檢驗，以期獲得值得信賴的知識。

「因果不存在」是個很怪異的想法

「懷疑現有因果知識的正確與否」，乃是懷疑精神重要的一環，屬於每個人都該有的懷疑心。但這樣的懷疑等級，卻高攀不起「懷疑論」的稱號。**這裡所要談的對因果的懷疑，不是懷疑所訴諸的因果解釋是否正確，而是懷疑是否真有因果這樣的東西存在**。這其實是一個很怪的想法，需要一點時間慢慢適應一下這個怪念頭。

會覺得這個念頭很怪，是因為我們太習慣因果的解釋了。而且，還很難想像「沒有因果」是什麼樣的狀態。舉例來說，假設物理學家執意宣稱「大爆炸就是宇宙的起源，其本身沒有原因」。對我們來說，也很難想像為什麼大爆炸會憑空出現，如果你覺得可以接受，那試想一下，有一天早上，你到學校去，發現自己的桌上放著一杯咖啡，這杯咖啡的出現沒有原因，是自己冒出來的。你可以接受這個想法嗎？大概很難接受。但如果連整個宇宙都可以無中生有，一杯咖啡又算什麼呢？

對我們來說，「無中生有」是一件很難想像的事情，也很難接受，所以基本上我們也不太相信。但問題是，如果大爆炸不是宇宙的起源，那什麼才是宇宙的起源？不管哪樣東西被提出來，都會遇到一樣的問題：「這個東西的原因是什麼？」於是最後我們可能會說：「沒有最初起源這樣的東西。」

然而，這種沒有開始、沒有源頭的世界觀一樣讓人摸不著頭緒。此處我們可以發現，覺得任何事物都有原因是一種本能，覺得一切有個開始也是一種本能思維，但這兩者卻是互相衝突的。然而，有起源與沒起源兩者之中，總有一個是對的吧？如果說這兩者都是錯的，這也一樣讓人覺得不可思議，而且很難接受。覺得矛盾的雙方「總有一個是對的」，其實也是一種本能，這是稱之為「排中律」的邏輯本能。

那麼，我們該怎麼辦呢？很顯然的，這整個本能思維裡一定有問題，只是我們不知道問題出在哪裡。但可以確定的是，某些我們認為理所當然的事情是錯的。不管哪一個是錯的，都會讓我們感到驚訝且難以接受。所以，理智告訴我們，「難以接受」的心理狀態必然會發生，我們不能以此心理狀態去排斥上述任何可能的觀點。也就是說，說不定真的某些事物可以沒有原因。既然某些事物沒有原因是有可能的，那所有事物都沒有原因也是可能的。當我們的思維站上這個跳板，便能躍向未知的想像空間。

我們依據什麼而相信因果的存在

那麼，來一場思想大冒險吧！試著先想一想，為什麼我們覺得「凡事必有因」，究竟是什麼樣的證據或經驗，讓我們相信這個原則。哲學家休謨仔細思考後驚訝地發現，「沒有！」而且，「我們甚至根本沒見過因果！」真的是這樣嗎？

試著想像一下，你走到河岸上吹風，手上一張紙隨風飛到半空中。這時，思維自動做了一個因果連結：「風是因，紙張飛起來是果，風讓紙飛起來是因果作用。」那麼，仔細想想，到底看見了什麼證據，讓我們確信兩者間有著因果連結？

首先，可以確定的是，它們有著時間上的連結，風吹起在前，紙張飛起在後，兩者間確實有著時間上先後的連結。然而，這種時間上的連結，是否代表它們有著因果上的連結呢？

當然，時間上的連結不代表因果關聯。例如：假設紙張飛起來的同一個時間，我打嗝了。風吹和打嗝一樣有著緊密的時間關聯性，但基本上我們不會認為我打嗝是因為風吹起來的關係。但為什麼不會呢？兩者有何差異？

想像一下，如果很多人有這種吹風容易打嗝的經驗，我們就會提出一個合理的理論來解釋這種經驗，在這種情況下。我們是否會認為，這一股風不僅把紙吹向空中，同時還害我打嗝了。也就是說，風和打嗝之間也一樣建立了一個因果關聯。

如果認同這個解釋，那麼，我們可以說，當事物之間在時間上有一種經常性前後出現的關聯時，只要能想出一個合理的解釋，就容易被當作具有因果關聯。然而，因果關係只是這樣而已嗎？因果關係最重要的一個內涵，在於我們認為兩者之間有一種「導致」的效用，即某件事情「導致」另一件事情發生。如果只是經常性的前後發生關係，是不足以稱之為因果的。那麼，我們是否還有其他更好的證據來宣稱一個因果關係呢？

因果並不一定是客觀事實，而是一種認知本能

休謨在深思之後意外發現，我們其實根本看不到這種稱之為「因果」的作用力。所以，休謨懷疑世界上是否真有因果這樣的

東西存在。與休謨同時期的德國哲學家康德，非常認同休謨的分析，於是主張：「因果觀念並非來自於觀察所得，實際上是來自於大腦對事物所賦予的解釋，屬於一種天生的認知模式」。

簡單的說，世界上未必存有因果這樣的關係，因果觀念是我們天生認知的模子，我們用這樣的認知模子在解讀世界，所以把世界理解（塑造）成一個有因果關係存在的世界。

在這種情況下，我們是否還有什麼好的理由主張這種來自於大腦賦予的因果關聯真的存在於世界上呢？很顯然，沒有。此處康德同時標示出一個認知的極限，就是認知無法超越這些用來認知的先天模子。如果真實世界不同於這個模子，或是超出這個模子所能塑造的表象，那麼，這樣的世界就不在我們可理解的範圍了。所以，在這個觀點上，康德也算是一個「不可知論者」，認為我們無法認識真實世界。以康德的用語來說──「物自身不可知」，意即絕對客觀的物質世界是無法被認知的。這也是在休謨對因果提出懷疑之後，康德才有機會進一步跨出因果，看見不同可能性的世界。

問題與思考

1. 反思一下自己目前擁有的因果知識，是否有值得懷疑的部分？請提出討論。

例如：感冒時除了看醫生之外，是否有什麼自認為有效的偏方呢？請提出討論，是哪些因素讓自己認為此偏方有效，以及這些思考判斷是否可信。

2. 是否認同「因果的存在」值得懷疑？如果不認同，理由為何？

例如：當一輛汽車撞到另一輛汽車，因而「導致」車輛損壞。有什麼理由可以不相信損壞是由車輛撞擊所造成的呢？這類因果連結不是很明顯嗎？

其實這些例子只顯示我們的思維多麼依賴因果關聯，如果能跳出因果解釋，其實可能性有無限多。

3. 試著想想看，除了「因果關係」這個認知模子之外，是否還有其他類似的先天認知模子？請提出討論。

例如：時空觀。我們難以想像一樣事物不在時空之中，但時空卻未必是客觀世界的真相。

四、對「外在世界」的懷疑

做夢的時候，夢裡的世界栩栩如生，我們相信那是真實世界。夢醒之後，世界栩栩如生，我們相信這才是真實世界，而夢並不是。然而，誰能確認我們不會再次夢醒，因而認為現在所見的世界，其實也非真實？

前面談到對自我與對因果的懷疑，雖然多數人在感覺上很難快速適應這些想法，但說著說著，似乎也還能勉強接受。而這裡我們要懷疑的，簡直就像痴人說夢一般，竟懷疑看似最真實的外在世界的存在。眼前所見的世界，難道有可能是不存在的嗎？

當然，若只要想像眼前世界並非真實世界，這倒是沒什麼太大的難度。只要想像我們實際上是在做夢、是桶中之腦、是被惡魔欺騙，或是用現代版的想像力，是在玩虛擬實境的電玩，或是康德哲學認為我們並不是直接認識外在世界，而是透過認知模子解讀世界，這些都可以造成眼前世界並非真實的結論。

然而，這些想像都沒有否定有個客觀真實世界在那裡，只不過主張我們的知識並不正確認識那個世界而已。因為，夢總有醒的時候，夢醒的世界是真實的；桶中之腦也還有桶子和腦的存在；康德也認為有個物自身的世界。簡單的說，仍有一個客觀真實世界在那裡，只是我們不了解它。這個客觀世界並沒有被排除，但我們現在要嘗試的，不只是要懷疑我們的外在世界知識是否正確，而是要懷疑客觀世界的存在。

從心物問題而來的一條唯心之路

在究竟哪些東西真實存在的問題上，笛卡兒的二元論

（dualism）觀點最符合大眾的直覺。他相信代表著客觀外在世界的物質是存在的，而心靈也是獨立於物質的存在，於是心與物兩者屬於不同的存在實體，這樣的主張就叫做二元論，或者更精確一點，因為兩者皆為實體，所以叫做「實體二元論」（substantial dualism）。笛卡兒也同時認為，心與物有交互作用，就像作為物的身體受了傷，會讓心的一面感受到痛。而心靈方面的緊張，會讓作為物的身體心跳加速，兩種存在實體互相影響著。

雖然笛卡兒的二元論感覺很合理，但卻遭遇嚴重挑戰，「為何完全不同的兩類實體，物質與非物質可以進行交互作用？」這個問題就叫做心物問題（mind-body problem），或為了與現代版的新心物問題做區別，也稱為「傳統心物問題」。

要解決這個傳統心物問題有四條路線，第一，就是繼續擁抱笛卡兒的實體二元論，然後回答如何交互作用。基本上這連想像都很困難，似乎是個走不通的道路。第二，就是去否定心物有交互作用，但這條路違反我們的日常觀察，看起來更加困難。第三，也是一條主流道路，就是否定心靈是個實體，認為只有物質是實體的唯物論（materialism）。

唯物論主張心靈並非獨立於物質而存在的東西，而是來自於物質，就像腦神經科學認為各種心靈現象其實都是大腦作用的產物。這就很容易解釋心物交互作用的問題，因為根本上兩者都是物。這條思考路線伴隨著科學發展，在學術上，擁有絕大多數的支持者，占據主流思維相當長的一段時日，到了現代，也可以說仍舊是唯物論的天下。但是，明顯雜音越來越多；因為唯物論也開始遇到一些難以解釋的現象。所以，原本居於弱勢的第四條路線，唯心論（idealism）便浮出檯面，受到更多關注。

唯心論認為心靈才是唯一實體，物質並非真實存在，甚至根本只是心靈虛構的產物。在這條思路下，以物質作為基礎的客觀外在世界就有可能只是個假象而已。

唯物論的兩難

首先，我們先來看看唯物論路線遇到的兩個困難。第一，就是前面提到的新心物問題，也稱之為意識問題，或簡稱為「難題」（the hard problem）：「意識（或心靈）究竟是如何由物質形成的？」試著想像任何可能的解答，都會發現一件事實，這個問題根本不可能被解答。有趣的是，就算意識真的是由物質所產生，我們也不可能可以回答這個問題。為什麼呢？重點在於「如何」兩個字。假設某種大腦神經元的運作造成了某個意識現象「紅色」，那麼，我們就可以問，紅色的感覺是「如何」造出來的？不管怎麼說，我們都無法了解這個「如何」的問題。

簡單的說，我們天生的認知模子，不存有可以回答這個問題的結構。這個事實顯示，唯物論就算是對的，也永遠無法在我們的認知中完全被證實以及被理解。關於心靈的知識，以及關於物質的知識，兩者無法真正產生溝通，像是斷崖的兩邊一樣，不存在互通的橋梁。這個問題的出現，也讓我們產生懷疑，意識真的來自於大腦嗎？還是說因為唯物論是錯的，才會出現這種難題。

第二個難處就是一直和唯物論合作無間的客觀科學，出現明顯看似違背唯物論假設的結果。在量子力學的發展中，雙狹縫實驗顯示，在意識的觀察介入之前，屬於物質層面的粒子處於不確定狀態，必須要用機率（波）方程式來表達其所有可能的運行路徑，簡單的說，這時候的粒子，像是由它的所有可能分身所組成。但只要意識觀察介入後，不確定性就消失了，而轉變成一顆確定運行路徑的粒子。就好像所有分身都進入到其中一個分身一樣。

這個實驗結果顯示，唯物論很可能是錯的。因為意識顯然不是物質的產物，甚至反過來說，意識才是物質存在的主要力量。心智的存在，看來比物質更根本。所以，唯心論似乎才是正確的一方。當然，唯物論信徒還沒服輸，還是想辦法力挽狂瀾，試著用不同方式解讀雙狹縫實驗。但到目前為止成效很有限，仍舊無法排除意識在量子力學中扮演的重要角色。

唯心論的異軍突起

現代知名科學家蘭薩（Robert Lanza）在二〇〇九年依據雙狹縫實驗中所發現的時間可逆之現象，提出了「生命中心主義」（biocentrism）的觀點來支持唯心論。

在雙狹縫實驗中發現，意識的觀察對粒子的影響力竟然在時間上是可逆的。粒子在通過雙狹縫時，如果沒有被意識觀察，那麼它們是以所有可能分身同時存在的方式通過，只要被觀察，就是以單一分身的方式通過。於是，科學家做了一個實驗，在雙狹縫放一個觀察用的儀器，在通過時，記錄它通過哪一條路徑。這個時候，粒子應該已經轉變成單一分身的狀態，只是在我們還沒去看紀錄的情況下，還不知道究竟是走哪一條路線。但在粒子到達終點呈現結果之前，也在沒有意識介入去看儀器記錄資料的情況下，將該資料刪除。也就是說，粒子經由哪條路徑穿過變得不可知了，在這種情況下，粒子逆時間改變它的狀態，恢復成所有分身同時通過雙狹縫。

基於這個時間可逆的特質，蘭薩主張宇宙開始的時候，其實是以所有包含過去與未來的一切可能性全部存在的狀態，直到某一種可能性在某個時間點上出現意識，才開始讓物質呈現出真實存在的狀態。於是，真正主宰客觀世界開始與運作的，其實是生命意識。然而，這個新世界觀雖然是以意識為主導，但仍舊沒有完全拋棄客觀世界的存在。

現代哲學家霍夫曼（Donald Hoffman）也依據這樣的實驗結果，在二〇一九年更進一步提出意識實在論（conscious realism），認為最根本的存在，就只有意識主體。一切都是意識主體的產物。然而這裡所謂的意識主體，並不只是人類意識，而是所有可能的意識主體，這樣的意識主體可以產生所有可能的意識經驗，而人類意識經驗只是其中一小部分。我們的世界觀，關於物質的知識，都是由這種意識經驗所堆疊出來的。

這樣的觀點，等於主張這個世界其實就只是意識存在的世界，其餘都只是存在的假象，或說都只是意識經驗而已。這是一種澈底否定外在客觀世界的觀點。當然，此處或許有人會質疑，在個人心靈之外，至少還存在著共通的意識經驗，以及其他意識主體的存在，這樣的一個世界能否稱之為客觀外在世界呢？這個問題很難回答，因為這樣的世界觀，已經距離我們原有的世界觀太過遙遠了，它是否還適合用「客觀外在世界」這樣的詞彙來稱呼就很難說了。但如果硬要說，在個人意識主體之外，至少還有其他東西，我想這是沒有問題的。至少，霍夫曼並不打算主張這個世界只有我的心靈與意識存在的「唯我論」（solipsism）。或許只有唯我論者，才是真正完全放棄客觀世界的觀點。

霍夫曼這個觀點和佛教唯識思想很類似，都是主張意識產生一切，也主張我們所見所聞其實都不是真相，包括對心與物的所有認識。但唯識思想把意識再區分成好幾個層面，包括意識、莫那識、阿賴耶識。意識是所有意識經驗的源頭，莫那識生出了自我，但這些都不是真實的存在。真正的存在者，是最底層的「阿賴耶識」。阿賴耶識又稱之為種子意識，它本身只是一股像種子般生出的力量，在不同的境遇裡，生出不同的東西。這樣的世界觀，也一樣否定著客觀外在世界的存在。

問題與思考

1. 無人的山中，一棵樹倒了，會發出什麼樣的聲音？

(1) 碰。(2) 嗶。(3) 轟隆。(4) 不會發出聲音。

聲音是由人的認知所創造出來的東西，所以，無人的地方不會有聲音。雖然照理說仍會有空氣的震動，但空氣振動並不等於是聲音。

2. 試想一種情況，讓「無人的山中，開了一朵小花」這件事情是不存在的。

如果我們在此人生中，其實就像是在玩虛擬遊戲一樣，那麼，沒有玩家的地方，程式就不會運作，也就不會有小花綻放這種事情發生。

3. 唯心論認為：「人心才是真實的，而物質是虛幻的。」試著尋找理由來反駁這個觀點。

五、對「他人心靈」的懷疑

老師：「我們無法證明他人有心靈。」

學生：「不會啊！很容易證明。像我就有心靈。」

老師：「可是你無法向我證明你有心靈。」

學生：「我剛剛說我有心靈，如果我沒說謊，則我有心靈。如果我說謊，因爲有心靈才能說謊，所以我還是有心靈。不管我有沒有說謊，我都有心靈。」

讓我們來做一個思想實驗。假設有一種疾病叫做「紅綠對調症」。這種疾病讓人從出生開始，對於紅色與綠色的知覺就和正常人相反。也就是說，我眼前番茄所呈現的紅色知覺，在病人眼中呈現出綠色，而我眼前青草的綠色知覺，在病人眼中卻是紅色。那麼，我們來思考一個問題，有這種疾病的人，在生活上有什麼不便嗎？

思考能力迅速的人立刻會想到，會在紅綠燈前容易混淆而帶來不便吧！看似如此，但只要再仔細想一下，就會發現其實不會有這個困擾。因為病人從小就學會把綠色知覺稱之為紅色，而把紅色知覺稱之為綠色。所以對病人來說，紅燈（綠色知覺）停、綠燈（紅色知覺）行，行為上和一般大眾沒有差別。而且更重要的是，病人根本不會發現自己與其他人之間有任何差異。也因為如此，根本不會有這個疾病名稱，就算真有這種疾病，我們也無法得知。

這個思想實驗稱之為「逆反感質問題」，感質（qualia）指的就是感官知覺的那個內在感受，當這樣的感受對調，而且有著系統上的一致性時，根本無法發現。

從這個觀點出發，我們可以進一步想像一下，如果某個人的所有感官知覺和一般大眾完全不同，但一樣具有系統上的一致性，那麼，我們也根本無法察覺這種情況。甚至想像可以再走得更遠一些，如果某人根本沒有任何可以稱之為感官知覺的東西，但其行為舉止和有感官知覺的人具有系統上的一致性，那麼，我們一樣無法發現。

從這個發現起步，還可以走得更遠，假設世界上所有人之中，我是唯一有感官知覺的人，一樣無法發現，這就是所謂的「唯我論」（solipsism）。唯我論主張，我是世界上唯一真實存在（具有心靈意識）的人，其他人都不具有意識，都不是真正的人。這種情況其實很好理解，可想像自己在玩單機遊戲，在這個遊戲的虛擬世界中，我是唯一有真實心靈意識的玩家，其他人物都只是電腦設定的NPC（Non-Player Character）而已。如果真是如此，當我們沉浸其中時，也很難發現這項事實。

這個可能性的存在，讓我們不禁懷疑，他人心靈真的存在嗎？我們要如何證明他人心靈存在呢？這個問題，就稱之為他心問題（the other mind problem）。

證明他心的類比論證

首先思考一下，我們平時如何肯定他人心靈的存在？由於我們沒有心電感應，無法真正感受到他人的心靈世界，所以只能靠著間接推理來完成這個信念。這個推理步驟，大概可以說是一種「將心比心」的推理。我們用自己的心靈、想法、觀點為依據，去推測他人行為與言談背後的心思。透過這樣的想像，我們自以為跟他人心靈對話。

這個肯定他心的方法稱為「類比論證」（argument from analogy），這也是多數人相信他人心靈存在的主要依據。此論證主要是依照自己的心靈以及這些心靈容易導致的行為和反應為基礎，推測別人有類似的行為或反應時，背後也有個類似的心靈。

舉例來說，面對大眾演說時，我可能會很緊張，這個心靈狀態導致我手腳顫抖、表情僵化，甚至詞不達意。當我看見別人演說時，也有類似行為反應，就會認為別人正處於緊張狀態。

這個類比論證或許是值得信賴的，但是，如果說這可以「證明」他人心靈存在卻又言過其實了。因為，當我們說「別人有心靈」時，這個「心靈」詞彙指涉到我們對自己心靈的認識，也就是說，別人有跟我類似的心靈。然而，這卻不是必然的，只要別人有能夠讓他們產生跟我類似之行為與反應的機制即可，這樣的機制未必需要一個心靈，更不需要一個跟我一樣或類似的心靈。所以，如果我們要證明他人有心靈，光是這個類比論證是不夠的，我們還需要其他論證的幫助。

當然，我們可以用更多的東西來類比，像是類比外型與大腦。例如：長得像我這樣或是跟我有類似大腦的人，也會和我一樣有心靈。這雖然對相信他人有心靈具有加強作用，但很明顯地仍是不足，還必須先把外型或大腦與心靈的關聯建立起來才行。

或者，以能力來類比也有加強效果。例如：我們可以說，因為他人跟我一樣能夠使用心靈相關語言來類比他人有心靈。因為我有心靈，才知道如何操作這些心靈詞彙，所以，會使用心靈詞彙的他人也會有心靈。

然而，這樣的推理仍須預設「能恰當使用心靈詞彙的人必須具備相關心靈狀態」。但我們已有證據顯示，這個預設是錯誤的。例如：一個從小就全盲的小孩，可以在日常生活中相當程度地使用「看」這個字，但事實上他卻完全看不到任何東西。

如果可以類比的東西越多，說服力似乎越高，但無論如何，這些論證都無法排除「他人沒有一顆和我類似的心靈」之可能性。因此，類比論證似乎永遠無法證明他人心靈存在。我們可以把這個論證寫成邏輯形式如下：

1. 有心靈則會表現出某些外在行爲（這是從個人內在觀察得知）。
2. 某些人有類似的外在行爲（這是從客觀觀察得知）。
3. 所以，這些人也有心靈。

此論證顯然是個無效推理，它從 P → Q 推出 Q → P，這是一個形式謬誤。要解決這個邏輯問題，我們必須讓 P 與 Q 產生邏輯等同狀態，也就是那些行為和其心靈是等同的，但是，這種行為主義的主張會造成更大的麻煩，而且在日常生活中很容易找到反例。這些反例就是當我們從外在條件的觀察來解讀他人時，似乎一直不斷在製造誤解。簡單的說，有類似行為反應，未必就有類似的心靈狀態。就像一個壞心眼的老師會去批評學生；但會批評學生的老師卻未必壞心眼。一個很有正義感的人，有可能滿口道德正義，但滿口道德正義的人，卻未必真有正義感。

證明他心的私有語言論證

除了類比論證之外，另有一個著名的論證由二十世紀初的奧地利哲學家維根斯坦（Ludwig Wittgenstein）提出，稱之為「私有語言論證」（the private language argument），這個論證的基本形式如下：

1. 如果其他人都沒有心靈，那麼，我是唯一有心靈的。
2. 如果我是唯一有心靈的，那麼我所使用的語言就是私有語言。
3. 由於語言是有規則的，因此，語言的使用與學習必須經過遵守規則的過程。
4. 由於一個人（或一個心靈）不能獨自遵守或形成規則，因此，私有語言是不可能的。
5. 所以，他人心靈存在。

這個論證方式運用所謂的「歸謬證法」，當你想要主張某個命題 P 時，有時會發現缺乏直接證據或是好的理由來證明它。就像我們很難有直接證據證明他人心靈存在一般，這時可以嘗試從反面來思考。如果我們可以證明 P 的反面是錯的，那就等於證明 P 是正確的。就像假設他人沒有心靈時，會發現必須接受私有語言的存在，但由於私有語言不可能存在，那就反過來證明他人心靈存在了。

這種歸謬證法在哲學上常被使用，而且在日常生活中也很有用。尤其當某人否認做了某事時，我們可以試著思考：「如果他真的沒做這件事情，那麼他最有可能會怎麼做來洗刷冤屈呢？」如果他的所作所為並非如此，那就有很大的可能性是在說謊。

這個論證的要點在於語言的學習與使用必須遵守規則，而遵守規則必須由多個心靈一同來完成。所以，一旦遵守規則成為事實，這個世界就不可能是單一心靈。

這個論證看起來很有說服力，但仍有一些地方有待商榷。例如：目前人工智慧逐漸具備某種程度的對話功能，它們看起來也像是在遵循語言規則，如果我身處於和一群 AI 共同生活的地方，我是不是也會推理出他人心靈存在呢？所以，這個私有語言論證並非完美。

然而，這些 AI 之所以會使用這些語言，背後還是必須有個真正懂得語言的程式設計師，如果我不是這名程式設計師，那至少這位程式設計師的存在，也可以主張我不是唯一有心靈的人，那麼，唯我論也是錯的。

但是，假設這位程式設計師在設計了眾多 AI 機器人之後過世了，那麼，我還是有可能成為唯一生活在世界上的人。也就是說，以目前活著的人來說，唯我論仍有可能是對的。但這樣的想像意義似乎不大，因為，既然曾經有其他具有心靈的人存在，我們有什麼好的理由主張現在只剩下我一個人具有心靈呢？在這種情況下，我們可以說，雖然私有語言論證仍舊無法真正證明他心的存在，但至少可以讓我們覺得相信他心存在是一個比較合理的選項。

問題與思考

1.「我說我有心靈。如果我說謊，則我有心靈，因為有心靈才能說謊。如果我沒說謊，則我說的是對的，所以我有心靈。所以，不管我有沒有說謊，我都有心靈。」此一推理是否真的證明了「我有心靈」？

「說謊」可以有兩種意思，有心靈的說謊（意圖誤導他人而說假話），以及無心靈的說謊（單純輸出錯誤的訊息）。如果運用第二個意義，就會導致第一句話（如果我說謊，則我有心靈）為假；但若從頭到尾都採用第一個定義，整個推理會是無效的，而且第二句話（如果我沒說謊，則我說的是對的）也無法成立（因為在此定義下我沒意圖說謊，卻無意間說了假話，也算「沒說謊」，所以即使沒說謊，也可能說了假話）。若在不同地方採用不同定義，則會變成歧義的謬誤。所以，此推理是失敗的，結論不足採信。

2. 如果有人從小甜味和苦味的味覺對調，是否可以被發現？

一樣沒辦法，頂多會覺得這個人與眾不同、很奇怪，為什麼這麼喜歡吃苦？

3. 如果我們可以找到各種心靈現象在大腦的運作位置，那麼，只要發現他人大腦作用與行為表現和我有某種心靈狀態時的大腦作用與行為表現類似，是否就可以確認他人有和我類似的心靈狀態？

如果我們相信唯物論，主張心靈現象是由大腦作用造成的，那麼，這樣的證據確實可以相當有說服力地主張他人心靈的存在。但問題在於，這樣的唯物論主張本身就很難被證明。因為心靈狀態和物質現象這兩種知識間存在一個解釋的鴻溝，很難找出一個肯定的證明。

六、對「科學方法」的懷疑

科學方法是先假設，而後求證。但符合所有證據的假設不會只有一個，哪一個先被假設了，就會先變成科學真相，直到遇見反例，或是世界觀的改變。

科學是追求真知的重要方式，藉由科學的發展，我們對這個世界的認識越來越多，也越來越清晰。這時，大眾產生了幾個迷思。

第一，科學證明就是正確的

像是學會了各種健康知識，便迫不及待地與病人分享，希望能幫助別人，但沒想過萬一有一天反被證明是錯的怎麼辦？任何主張有了科學證明，都具有很強的說服力，正確性很高，但並不必然。即使是科學理論也一樣不斷在推翻更新，科學並不是真理的代名詞。

第二，無法被科學證明的，就是錯誤的

就像目前缺乏充分證據來證明靈魂與鬼神的存在，許多人自詡有科學精神，就直接否定其存在的可能性。殊不知科學一直不斷發現新事物，目前一定仍有未被發現的存在事物。更何況科學有其探索範圍，並非所有存在事物都適用於科學探索方法，不適用的就不在科學範圍之內，而範圍之外永遠無法被證明。所以，無法被科學證明不代表不存在。

當然，市面上還有另一種迷思，只是因為科學不代表真理而藐視科學。這通常是由於個人某些信仰或成見與科學相左，於是完全否定科學的可信度。但這種否定通常只用在自己不想相信的特定科學觀點上，其他科學觀點則照單全收。這種非理性現象，屬於人性在思考上的弱點，唯有透過理性能力的訓練，以盡可能客觀的合理性而非個人喜好來判斷是非，一段時間過後，就能慢慢改善。關於如何訓練的問題就不在本書討論範圍內了，閱讀一般哲學思考、批判性思考、邏輯思考等類別的書籍，大致上都會有些幫助。這裡主要談論的是科學方法雖然可信度很高，但仍然有一些可能出錯的地方。

歸納法的問題

首先，我們來檢視科學方法，尤其是最常被運用的歸納法（induction）。是否歸納法所證明的就必然正確呢？而不能被歸納法證明的，又是如何？

歸納法讓我們從已知的事物去推測未知的事物，或是從現在去預測未來。例如：當我們觀察到的烏鴉都是黑色時，便會認為下一隻即將發現的烏鴉也是黑色。當我們發現過去物體運動都是依據 F=ma 這個牛頓運動定律時，我們會認為，未來即將發生的物體運動也會遵行這個定律。這種論斷事物的方法，即稱之為歸納法。

歸納法可以說是一個很根本的科學方法，如果歸納法不值得信賴，那麼，科學就不值得信賴。但哲學家休謨認為，歸納法是值得懷疑的。現代科學哲學家波普也延續休謨的觀點，認為：「科學永遠無法證實任何東西，科學與真理的距離是無限遙遠的。」

那麼，為什麼歸納法值得懷疑呢？休謨主張，當我們相信現有的現象或是法則在未來可以繼續使用時，預設這些現象或是法則有一種內在的統一性，讓它們不會隨時間而改變。這樣的預設稱之為「自然齊一律」（the uniformity of nature’s laws）。而這樣的預設，就像因果律一般，無法從經驗去觀察，也沒有充分的理由必須相信它。

舉例來說，目前這個宇宙的物質遵行愛因斯坦的 $E=MC^2$ 法則，那麼，明天這個法則依然適用嗎？我們有什麼理由相信這樣的自然齊一律呢？為什麼宇宙中的法則不會隨著時空而改變？在遙遠的宇宙中，也遵行著一樣的法則嗎？數千億年後，宇宙還是遵行一樣的法則嗎？如果這個宇宙中的所有法則都是很微量地逐漸改變中，那麼，自然齊一律就是錯的；而且，我們根本找不到什麼理由主張這些法則是不會改變的。因此，歸納法所預設的自然齊一律，事實上本身只是一個假設，沒有任何證據顯示其必然為真。所以，休謨推出歸納法也只能算是一個假設，而不是一個值得信賴且能導引我們走向真理的方法。

檢證法則的問題

除了歸納法之外，科學常用的檢證方法也有問題。當代哲學家韓佩爾（Carl Hempel）在《檢證邏輯之研究》（*Studies in the Logic of Confirmation*）一書中，提出一個著名的「烏鴉悖論」，他指出科學檢證方法與邏輯之間有著不太一致的問題。

試著想一下，當我們要檢證 P：「所有烏鴉都是黑色」這個主張時，以下哪些證據可以作為支持與反對的證據？

A. 一隻黑色烏鴉。
B. 一隻白色烏鴉。
C. 一隻黃色鸚鵡。
D. 一隻黑色天鵝。

針對 P 這個主張來說，如果觀察證據符合「是烏鴉」，而且「是黑色」，這個證據就可以用來支持 P。而若符合「是烏鴉」，卻不符合「是黑色」，則是用來否定 P 的證據。所以，顯然 A 是支持的證據，而 B 是否定的證據。目前到這裡是沒有問題的，檢證方法和邏輯互相一致。

但是 C 和 D 又如何？從科學檢證角度來說，這兩者應該不支持也不否定，可以說是與 P 無關的證據。

然而，從邏輯上來說，「所有烏鴉都是黑色」和「所有非黑色的東西都不是烏鴉」，這兩個命題屬於「邏輯等同」。邏輯等同的意思，就是當一命題為真時，另一命題必然為真，反之亦然。那麼，照這樣來說，支持「所有非黑色的東西都不是烏鴉」之證據，也應該要支持「所有烏鴉都是黑色」的主張。而 C 這個證據符合「非黑色」，也符合「不是烏鴉」兩個條件，那麼，C 便是「所有非黑色的都不是烏鴉」之支持證據。這麼一來，C 也應該可以用來支持「所有烏鴉都是黑色」才對；但我們在科學檢證上卻不認同。因此這裡可以發現，檢證方法和邏輯不太一致。究竟該遵從哪一邊呢？這是一個麻煩的問題。既然有問題，那就表示這樣的科學方法尚不值得完全信賴。

語言文字的定義脈絡影響到對真相的描述

實質上，我們對世界的既成觀點，也會干擾科學研究的判斷。我們以為科學是客觀的，事實上還是會受到許多主觀預設的干擾。語言文字的定義本身，就已在某種程度上決定了我們的結論走向。

當代哲學家古德曼（Nelson Goodman）在《事實、虛構與預測》（*Fact, Fiction, and Forecast*）一書中指出，「相同的證據可能可以支持許多不同的命題」，我們之所以誤以為只支持一個命題，那是由於我們受制於習慣性的語詞定義，或是一種習以為常的世界觀。

以「所有烏鴉都是黑色」這個命題為例，我們對顏色的定義就是它會一直保持著相同的顏色。但是，如果我們換一種黑色的定義，就形成了不同的命題。例如：我們可以定義一種新的顏色叫做 BG 色，這種顏色在西元二〇三〇年之前呈現出黑色，但之後會自動變成綠色。在這種情況下，所有可以用來支持「所有烏鴉都是黑色」的證據，也全部都可以用來支持「所有烏鴉都是 BG 色」。那麼，究竟事實真相是哪一個呢？

只要改變某種平時的認知習慣與預設，就能找到各種可能的類似命題，這樣的命題甚至可以有無限多個。也就是說，同樣的證據支持著無限多個可能的命題，如果我們目前無法確認當今習以為常的定義，以及所抱持的世界觀是絕對正確的，那麼，我們便沒有理由主張現有證據所支持的命題就必然是真相。這個問題也顯示出科學方法和真理之間，其實還有著很遙遠的距離。

科學的客觀要求所產生的問題：有些東西永遠被科學排除在外

從科學精神與科學方法來說，科學證據必須能夠被客觀觀察才行。這麼一來，許多和主觀相關的研究以及難以被觀察的現象就直接被科學排除在外。但是可被客觀觀察的世界之外，其實還有許多值得探索的真相。簡單的說，有些事實真相永遠都不科學。

舉例來說，假設主張物質與非物質實體同時存在的實體二元論（substance dualism）是對的，人類意識真的來自於一種可被稱之為靈魂的非物質之實體，但這種非物質的存在無法被客觀觀察，那麼，屬於這個意識層次的研究就完全無法符合科學的要求，而永遠屬於非科學領域。這種情況就可能被稱為不科學而被否定。

在量子力學中的雙狹縫實驗顯示，粒子在被觀察之前，是以機率的方式存在，是一種不確定的存在方式。如果套用這樣的觀點來看整個宇宙，在有意識出現之前的宇宙，將是什麼樣的情況呢？這種根本上無法被觀察的現象，將永遠被排除在科學領域之外。這些問題並不是來自於事實真相有什麼問題，而是由於科學方法的限制所導致。就像科學也要求需要能夠被反覆實驗而得出相同結果，但其實並非所有存在的事物都可以符合這個要求。舉例來說，假設看見鬼神是極其罕見的現象，就算大多數目擊報告屬於幻覺或錯覺，但若假設有少數是真的，這也永遠無法被證實。或是某種未知現象在宇宙中可能數年、數十年、甚至數千億年才會出現一次，即使被觀察到，除非已有理論支持，否則一樣無法成為科學研究對象。

所以，不科學、非科學、科學領域之外，仍然蘊藏著許多等待揭發的真相。只不過這些真相將不會以科學的方式被揭發，而是必須用不同的方式來探索其可信度；例如：純粹談理的哲學方法，即是可行的選項之一。

問題與思考

1. 請舉例說明，為什麼科學值得相信？又為什麼這麼值得相信的東西還是有可能會出錯？

過去科學家建議一天攝取雞蛋最好不要超過一顆，理由是蛋含有豐富的膽固醇，而膽固醇過量對人體不好。這些主張都在實驗室中得到很好的證明，所以科學值得信賴。但這是依據當時知識的推理，當有新的發現時，就可能改觀。後來發現，原來膽固醇有好壞之別，對人體有不良影響的是壞膽固醇，而好的膽固醇不但無害，還很有利，能協助驅逐壞膽固醇。而且經由蛋產生的膽固醇屬於好的類別。所以科學家認為，無須限制食用蛋的數量。當然，未來仍可能會有新知來改變這項建議，例如：如果在蛋裡面找到其他有害健康的成分，就可能再度改變建議。

2. 只觀察部分就做出全稱的主張，在科學上稱之為歸納法，但在邏輯上卻稱為以偏概全的謬誤。一個是不可信的邏輯謬誤，一個是值得信賴的科學方法，兩者有何不同呢？

觀察的量太少時，尚無法形成說服力，就叫做以偏概全。但抽樣觀察的數量大到某種程度，而且抽樣範圍也夠分散到各種不同分類時，就形成較大的說服力，這就變成科學的歸納法。

3. 許多靈異現象被認為不科學，它們實際上是屬於本質上無法被科學研究的現象，還是可被研究但仍無法證明的現象？請舉例說明。

例如：有些地方鬧鬼，鬧鬼的方式是偶爾有人會看見白衣長髮的阿飄在走廊上經過。這種靈異現象應該屬於可被研究的領域，如果裝設各種影像拍攝的機器都無法拍到，人們所見又很模糊，就傾向於認定是幻覺或錯覺。但如果眾人所見很清晰，說詞值得相信，但又完全拍攝不到，那就可能屬於科學領域之外的現象。而針對儀器拍攝不到、但陰陽眼可見的靈異現象來說，其實也不難研究，只要多找幾個具有陰陽眼的人，在無法事先串通的情況下，造訪某些鬧鬼地點，如果所見一致，對鬼神存在的可能性就很有說服力。但可惜目前完全沒有這樣的研究報告。

第五篇

知識的結構

知識必然有其根基。

——亞里斯多德（Aristotle，公元前 384-322）

一、知識像大廈的「基礎論」

追問「爲什麼？」是求知的關鍵。不斷追問「爲什麼？」可以獲得更深入的知識。但無法一直問下去，遲早必須停止追問。停止之處，就是知識的根基。

當人們擁有一個信念，就可以追問為何如此相信。例如：小明相信「外星人到過地球」，那麼，我們可能會問小明：「為什麼你相信外星人到過地球？」這個問題等於是問小明，這個信念的根據是什麼？理由是什麼？也就是說，小明依據什麼信念讓他這麼深信著？如果小明的這個信念算得上是一種知識的話，由於知識是合理的真信念，那麼這個真信念的背後，還有合理的理由支持，也就至少存在一個其他信念支持著此一信念。

假設小明回答：「因為有飛碟出現。」那就是說，由於小明相信「有飛碟的出現」，所以，他相信「有外星人到過地球」。小明的這兩個信念之間有一種支持的關係，「有飛碟出現」的信念，支持著「外星人到過地球」的信念。

既然信念與信念之間有這樣的支持關係，我們便可進一步追問另一個問題：**「知識內的所有信念是如何互相支持的？」**當我們用支持的關係將所有屬於知識的信念串接起來之後，它們會形成什麼樣的結構呢？

解開這個問題，將有助於我們深入了解知識的本質、了解知識的根基，以及更清楚掌握自己能仰賴知識到什麼程度，這些都是很重要的人生智慧之成長。

為了回答這個知識結構的問題，哲學發展史上出現了所謂「大廈形」的「基礎論」（foundationalism），以及反對基礎論而主張「圓盤形」結構的「融貫論」（coherentism）。

基礎論主張知識的合理性結構就像大廈般層層堆疊

由上面的例子來看，我們可以進一步追問：「為什麼相信有飛碟的出現？」小明可能會說：「書上看到的」，或者「親眼見過」。無論如何總會有個理由，那麼，我們還是可以繼續向下追問：「為什麼相信這個主張？」在一直不斷追問的情況下，古希臘哲學家亞里斯多德認為：「不可能無窮無盡地問下去，總該有個理由不再需要其他理由支持；而且也不該循環支持。」就像反過來用「外星人存在」來支持「飛碟存在」一樣。

也就是說，如果不認同「無限後退」和「循環支持」作為知識的結構，那麼，我們可以說，在所有信念中，從信念間互相支持所形成的結構來看，存在一些不需其他信念支持的信念，而且這些信念可以用來支持其他信念，它們就是知識的根基。我們稱呼這樣的信念為「基礎信念」（basic beliefs）。所以，亞里斯多德主張知識有其根基。

從這種信念間相互支持的關係所形成的結構來說，我們可以把信念分成兩大類，第一是「基礎信念」，另一則是「非基礎信念」。基礎信念本身就是合理的，不需其他信念支持，而且支持著非基礎信念；而非基礎信念由基礎信念或是其他非基礎信念所支持。整個信念所形成的結構就像一棟大廈，以基礎信念的知識（基礎知識）為地基，然後藉由地基層層向上建構；這樣的觀點就是「基礎論」的主張。

哲學家笛卡兒所主張的知識系統，就是一個很典型的基礎論的知識系統。首先他以懷疑為方法，尋找是否有什麼信念是不可被懷疑，也不需其他信念支持的知識作為一切知識之根基，最後他藉由「我思故我在」的推理，找到像是「我存在」這樣的知識是不可被懷疑的，這類知識稱之為自明的（self-justified）知識，其本身就是合理的、正確的，然後，再從這類知識出發，推出其他非基礎知識。

如果這些基礎知識都如笛卡兒所認為的，都是合理的、不會錯的，而且如果這些知識的確可以推出其他所有非基礎知識，那就可以建立一個不會再有任何錯誤的知識系統，這是笛卡兒的目標，也是知識發展上的最終目的。如果一切知識都可以包含在這樣的知識系統之內，就等於掌握了一切可被知道的事物，而且從此不再有錯誤發生，這真是哲學史上的一大美夢。

然而，這樣的基礎論系統面臨兩個嚴峻的挑戰。第一，必須能夠找到絕對不會錯的基礎知識；第二，這些基礎知識必須足以撐起整座知識大廈。從笛卡兒開始到二十世紀的數百年間，絕大多數的知識論體系都可以說是基礎論的不同變化，它們都嘗試解決這兩大挑戰。

以理性為基礎建構知識大廈

笛卡兒是理性主義（rationalism）的代表，他認為基礎信念就是那些在我們理性的認知中先天具備且為真的信念，這樣的信念稱之為「先驗知識」（a priori knowledge）。所謂「先驗知識」，指的是那些不需依賴經驗也可以知其為真的知識，也可以說就是在認知上先於經驗的知識。

有人稱呼這樣的知識為先天知識（innate knowledge），意思是說與生俱來的知識。這兩個意思其實差不了多少，而且通常先於經驗的知識也應該是先天的，但是，稱呼其為與生俱來的知識會有比較多的麻煩。

舉例來說，如果你跟一個小孩說你有很多錢，可以買書送他，但沒多久你又說你沒錢，買不起他想吃的零食。他就算沒學過邏輯，也知道你在騙人。笛卡兒認為，這種邏輯上的矛盾律知識（P 與非 P 不能同時為真）是先於經驗的。我們不需依賴什麼經驗也能知道「矛盾就是錯」，但如果說它是先天的、與生俱來的，這似乎是說每一個剛出生的嬰兒都知道矛盾律為真，這種說法就會有點怪怪的。所以，不要將「先驗知識」當作是出生就有的知識，而將其當作是人們認知中不需依賴任何特定經驗就必然可以獲得的知識會比較適當。

那麼，有哪些知識是先驗知識呢？基本上，理性主義主張數學、邏輯等知識都是先驗知識，這些先驗知識組成了知識體系中的基礎信念，而可以用來支持其他知識。

然而，我們可以發現，就算這些先驗知識都是正確的，但光有這些先驗知識作為基礎知識是不夠的，因為我們日常生活中大多數的知識都是經驗知識，也就是透過感官知覺獲得的知識。而由於理性主義認為透過感官感覺的知識都可能會錯，而且無法知道何時會錯，因此，我們無法信賴經驗知識。那麼，經驗知識便無法作為基礎知識。

既然在基礎知識的區域中沒有感官感覺的知識，其上層也不會莫名其妙的出現感官感覺的知識，從這樣的思考角度來看，先驗知識無法單獨成為完整的基礎知識。

另外一個問題是，為什麼先驗知識就不會錯呢？事實上，從現代認知科學的證據來看，即使有些信念是先天的，卻也有可能是錯的。例如：有證據顯示嬰兒從小就具有「一個東西不會憑空消失」以及「這個世界是 3D 結構」這樣的信念。但是，當代物理學卻有證據顯示，這些信念都可能是錯的，一個粒子可以和其反粒子碰撞後憑空消失，而依據相對論（主張有四維時空）或是弦論（string theory，主張有十一維時空），這個世界都不是 3D 的結構。因此，理性主義的基礎論並沒有成功。

以經驗為基礎建構知識大廈

以英國哲學家洛克（John Locke）為代表的經驗主義（empiricism）主張：「一切知識都來自於經驗」。這裡所謂的經驗，指的是感官經驗，也就是從視覺、聽覺、嗅覺、味覺、觸覺所獲取的一切經驗。那麼，作為知識基礎的最基本信念，當然就是感官知覺所形成的信念，而其他非感官知覺的信念都源自於感官知覺而被支持。因此，非感官知覺的知識都是非基礎信念。

經驗主義反對理性主義者所主張的與生俱來的先驗知識；理性主義者支持先驗知識存在的主要理由是，這些知識被所有人普遍認同。既然不管文化上有何差異都認同，那麼這些知識一定是與生俱來的。

但是，洛克反駁說，事實上沒有那種真的被普遍接受的知識，因為，嬰兒和白痴心中就不會有任何關於數學與邏輯的觀念。因此，洛克認為，包括數學與邏輯等知識也都來自於經驗。

從經驗主義角度來看信念之間相互支持的結構，可以發現一個很好的優點：「大多數的知識都可以根源於感官知識」。但是，其主要缺點之一也就是理性主義所批評的，感官經驗是可能出錯的，而且我們難以確認何時感官經驗會出錯，從下列論證來看，似乎真的如此。

1. 感官經驗是會發生錯誤的，由各種幻覺與錯覺的發生可以證明這點。
2. 當感官經驗發生錯誤時，我們有時難以分辨其是否出錯。
3. 因此，感官經驗不值得信賴。

雖然，感官經驗或許大多時候是正確的，但是，只要其會發生難以發覺的錯誤，從一個嚴格的高標準來看，我們就不能完全信賴它。經驗主義所提供的基礎知識無法保證正確性，那麼，上層需要依賴基礎知識的其他信念就更沒保障了。因此，經驗主義的基礎論也難以達成我們的期待。

經驗主義思考路線的另一個缺點，在於有一些明顯為真的知識無法完全從經驗中獲得。例如：「因果律」。如同經驗主義者休謨對因果律的懷疑：「我們根本看不到因果關係」，因果關係無法透過感官經驗的觀察而獲得，如果一切正確的知識只能源自於經驗，那麼我們只能說：「因果關係是不存在的」。除此之外，「所有全稱命題」也都無法來自經驗，我們如何單純憑藉著感官知覺的觀察知道「所有烏鴉是黑色」？如果一切正確的信念都來自於經驗，除非我們觀察完全，否則不可能做這樣的宣稱。然而，我們也根本不可能可以確認何時已經觀察完全。諸如此類的全稱命題，幾乎都不能存在於經驗主義基礎論的知識架構中，因此，經驗主義的主張在建構整個知識系統時，也留下難以接受的窘境。

康德基礎論的進展與困局

綜觀理性主義與經驗主義的優缺點，德國哲學家康德主張，要完成建構完整知識體系的關鍵點，在於「先驗綜合」的信念。康德除了依循理性主義將信念區分成先驗與後驗（經由經驗獲得）之外，還區分成分析與綜合；兩者取其一可以組合成先驗綜合信念。先驗的優點在於較不會錯，而綜合的優點在於可以用來支持其他信念，因此，這類信念就正好適合擔當基礎論結構中的基礎知識。

「先驗知識」與「後驗知識」的區分要點，在於是否需要依賴感官經驗才能判斷其為真。例如：「松柏的葉子是綠色的」，這個信念是後驗的，因為這個信念必須依賴對松柏葉子的感官經驗，才能知道其為真。反之，像是「三角形有三個角」、「紅花是花」、「1+1=2」等，都不需要任何特定的感官經驗就能夠知道其為真，這些信念就被歸類為先驗的。

「分析語句」與「綜合語句」的區別，在於「一個語句的前項意義是否已經完全包含了後項」。舉例來說，「白雪是白色的」，在這個語句中，我們稱「白雪」為前項，而「白色」則為後項，前項的意義包含了「雪」和「白色」，而後項的意義卻只有「白色」。前項所具有的意義，已經完全包含了後項所具有的意義，這就是分析語句。意思是說，後項可以從前項分析出來。

然而，「葉子是綠色」這個語句的前項「葉子」之意義不包含後項「綠色」，這種就是綜合語句。雖然多數葉子是綠色的，但是只要其詞彙的意義本身不包含，就不算包含。這個區別事實上常常被誤解成「字面上」的包含，但重點是「意義上」的包含。例如：「單身漢是未婚的」，這個語句在字面上前項並沒有包含後項，但因其意義上有包含，所以也是分析語句。而另一個例子「單身貴族是貴族」，這個語句在字面上前項有包含後項，但是意義上卻不包含，因此它是綜合語句。

分析語句與綜合語句區分的重點，在於分析語句的知識無法擴展，但綜合語句卻可以。分析語句由於前項的意義比後項還多，這種話說了等於是廢話，即使這樣的知識不可能錯也沒有用，因為這種語句的知識含量等於零，並不能告訴我們更多的事物。而且，零怎麼加在一起都是零，無法藉由許多分析語句的組合而衍生新的知識。但是，綜合語句卻不是這樣，因為其後項有前項所沒有的意義，因此，在不同綜合語句的組合下就可能產生新的知識。

在此我們看到了兩種知識的特色，一是先驗知識是比較不會錯的，二是綜合語句可以衍生出其他知識。那麼，這兩個優點正是我們尋找作為基礎論知識結構的基礎信念。所以，如果有知識可以同時具備這兩個優點，就是基礎信念的最好候選員，康德稱這樣的知識為「先驗綜合判斷」。

符合先驗綜合判斷知識的例子，有關於數學方面與邏輯方面的知識；另外，像是「凡事必有因」的因果律以及「自然齊一律」等，都被康德認為是我們先天的認知結構，進而成為先驗綜合判斷。

這個理論乍聽之下很有吸引力，但是，細細品味之後卻發現，其問題仍舊沒有完全被解決。首先，這些先驗綜合判斷真的都不會錯的嗎？其次，光靠這些先驗綜合判斷，真的可以發展出所有的知識嗎？

關於第一個問題，我們發現，雖然我們習慣性的接受因果律以及自然齊一律，但要說它們是先天的認知結構，卻並非完全沒有懷疑的空間，因為（即使難度很高）只要想像力夠好，還是可以想像一個沒有因果律的世界，以及自然齊一律是錯誤的可能性。那麼，這些判斷未必是先驗的，就算它們真的算是先驗的，也如同之前針對理性主義所主張的批評一樣，未必就是對的。

第二，光靠這些先驗綜合判斷是不夠的，問題和理性主義會遇到的類似，如果知識的基礎不包含感官經驗，那麼，我們可能難以建構出一個包含感官經驗的知識體系。在這種情況下，可靠的知識系統就必須放棄所有感官知識，這似乎也不是我們希望的知識結構。

那麼，還有什麼可能的知識可以作為基礎論知識結構中的基礎知識呢？在不斷失敗後，許多哲學家們開始嘗試主張，或許我們必須接受基礎知識錯誤的可能性。無論是理性主義所提出的先驗知識、康德的先驗綜合知識，或是經驗主義認同的某些可信度很高的經驗知識，這些雖然都有錯誤的可能性，但可能性較低，全部集合起來便可以用來支撐整個知識體系。這樣的體系雖然不是完美地符合我們所追求的知識美夢，但也算是一個值得期待的結果；這個理論稱之為「可錯型基礎論」。

然而，這個理論雖然看似一個解決之道，但一樣有很大的困難。在這樣的知識合理性結構中，我們要如何判斷一個基礎信念是錯的？如果基礎信念之間有所衝突，以誰優先？依據什麼？是否也要依據非基礎信念？但如果某個基礎信念和眾多非基礎信念產生衝突時，我們認定基礎信念錯誤，這麼一來，基礎信念這個詞的意義何在？整個信念間支持的結構，便不再像是大廈般由底層向上支持的單一方向，而是上下左右交互支持的全方位。在這種情況下，基礎論就不能再是基礎論，知識的結構就不再像大廈般，而必須是另一種風貌了。

問題與思考

1. 試著對自己的知識體系做一個實驗。例如：如果自己主張某個政治人物是一個優秀的政治家；或是主張某個行為（像是拒買黑心食品）是善的。然後開始追問理由，藉此尋找無法再問下去的個人基礎知識，並判斷此基礎知識是否必然為真？

2. 試著針對當今任何一個普世價值做一個實驗。例如：男女平等、民主政治最好或是每個公民都有投票權，而且都只能有一票。這背後最基礎的理由是什麼？是否必然正確？

3. 如果知識的根基並不存在，當我們運用這些知識在生活上時，需要有什麼改變？

在日常生活中，我們常常覺得某些事情、某些價值判斷一定是對的，因此非常堅決、不妥協地認為一定要如何如何，甚至在導致朋友失和、家庭破碎時都繼續堅持。但如果知識的根基真的不存在，那麼，沒有什麼想法、觀念是絕對不會錯的。在這種情況下，無論任何知識、想法、觀念，都可能因時、因地、因情況的不同而有所改變。那麼，毫不妥協的態度就一定是有問題的。

二、知識像圓盤的「融貫論」

知識的量越大，就越容易互相衝突。所以，一個知識體系越大越融貫時，可信度就越高。當知識包含一切可能議題的時候，如果還能保持融貫，就到達了眞理的終點。

由於基礎論在數百年的發展中一直無法找到適當的基礎知識，這讓人不禁開始懷疑，會不會根本就沒有基礎知識的存在呢？如果真是如此，那麼，信念間的合理性結構該是什麼樣子？如果信念間不再有基礎與非基礎的差別，也就不會有上層與下層的差別。那麼，所有信念便直接或間接互相支持而形成一個融貫的網路。當我們這樣主張時，就在支持一個融貫論的知識體系。

這樣的融貫體系可以想像成一個圓盤結構，越接近中心，表示能支持越多信念以及受到越多信念支持，屬於核心信念，但仍然不是基礎論的基礎信念，因為它仍受制於整個信念體系，還是有錯誤的可能性。一旦核心信念發生錯誤，就會對整個知識體系產生重大干擾。而在圓盤外圍的信念，屬於比較容易改變的信念，即使錯了，也對整個知識體系影響不大。

融貫論的認知現象

這樣的知識體系很容易解釋某些社會上的認知現象。尤其當今民主社會政黨對立，支持者各持幾乎完全不同的觀點在看各種政治事件。他們的觀點明顯立足於不同的核心知識，而且即使追根究柢想在各自的核心知識中尋求共通點，或是找出知識體系內的可疑之處來溝通，也會發現很困難，因為整個知識體系互相融貫、互相支持，即使不斷追根究柢，最後發現又繞回原點。

這時才會發現，整套思維其實沒有根基，或是說互為根基，在這種情況下，不同理解系統之間的溝通幾乎是不可能的事。這也是為什麼不同政治立場的支持者之間，大多會聊到吵架，即使運用理性溝通也很難達成共識。而且互相覺得對方缺乏思考力，那是由於用自己的融貫系統去看他人觀點會造成的現象。

如果人們的知識體系是建構在基礎論的結構上，就不會有這樣的問題；至少很容易找到雙方立足點的不同，再針對立足點來討論。但融貫論體系並沒有一個明確的立足點，也就難以用這種不斷深掘式的方式溝通，這種現象也很容易在宗教立場上看見。如果你曾經嘗試跟宗教信徒辯論，就能體會到這種挫敗感；繞了一大圈回到原點，沒完沒了。

然而，雖然在邏輯上我們認為這種融貫論的信念支持關係是不當的，因為前提與結論的角色混淆了，前提也是結論，結論也是前提；這稱之為「（前提與結論）循環支持的謬誤」。既稱之為謬誤，那就等於是不被邏輯認可的推論方式。然而，雖然如此，但這可能是人類知識必須要冒的風險。因為，既然符合邏輯的基礎論無法成立，那麼，我們可能必須要頂著這個謬誤的風險，來給知識的合理性結構尋找一個出路。

從這個角度來說，人類的知識也都是在一個融貫的風險中，即使科學知識也是如此，沒有任何確定的根源、基點作為一切真理的依靠。我們必須發展整體的知識，邁向全部為真的系統，無法發展個別真理。這個觀點其實跟佛學所談的「一切皆空」可以互相呼應，「空」的一個含義就是沒有必然的根基，我們的所有知識，其實是架空的，沒有任何一個是絕對的支柱。也因為如此，佛學智慧告訴我們，這一切也沒有什麼好執著的。

難題一：如何比較不同融貫系統的融貫性

由於融貫論的知識體系只是一個循環支持系統，而針對相同證據、可以自圓其說的融貫系統不會只有一個，就像不同人對某些相同事物的解釋總會有許多不同，那究竟何者為真？就像不同的政治立場、不同的宗教派別，都建構在不同的融貫體系中，他們各自認為自己才是真相，在這種情況下，可以互相比較嗎？可以決定誰才是正確的嗎？

在互相衝突的融貫體系中，或許有某個體系為真，但也可能全部為假。重點在於目前我們無法完全判定何者為真，只能說，越是融貫的系統，為真的可能性越高。也就是說，融貫論知識體系下的信念並不保證其為真，只能說我們可以把到目前為止最好的融貫體系暫時當作是事實真相。

依據這個回答，我們會有兩個疑問。第一，融貫性該如何比較？在什麼情況下，我們可以說某個融貫系統比另一個更為融貫呢？這個問題直覺上看似簡單，其實並不容易回答。簡單的答案是，越是合理的就越融貫。但實際上，我們是用融貫來解答知識的合理性結構，現在又回頭用合理來定義融貫性，不是又循環定義了嗎？如果我們運用天生對於合理性的直覺來判斷何者比較融貫，那會發現溝通的基礎完全不見了。因為，不同立場的人就是覺得自己的知識體性比較合理，才會站在那個立場，如果要用對於合理性的直覺來判斷融貫性，那就等於放棄融貫的客觀性而落入因人而異的困局了。

所以，要回答這個問題，我們必須先講清楚「融貫」的意義，才能去比較何者比較融貫。最簡單的定義，就是「不要矛盾」。凡是沒有自相矛盾的融貫體系，就可接受為融貫系統。在這種最寬鬆的定義下，只要沒有矛盾，就都是最好的融貫系統。但在這個標準裡，會有無限多個一樣好的融貫系統並列第一。

或許，除了不矛盾的條件之外，可以再加上幾個比較的標準。例如：互相支持的信念越多越複雜，融貫性越高；信念成員越多，越難達成不矛盾的情況，這也能成為一個標準；最後，互相支持的程度越強，融貫性就越高。這些應該都是好的標準，也都符合我們對客觀合理性的觀點。只不過在真正比較時，要套用這些標準並不容易。

難題二：融貫通往真相的路途無限遙遠

第二個融貫論會遇到的問題，在於這種無法保證為真的情況有結束的一天嗎？其實，雖然感覺渺茫，但這種情況仍舊是可以期待的。因為當信念成員越來越多、關係越來越緊密時，要能夠不衝突、不矛盾，其實就越困難。這就像一個共同生活的群體，只要接觸越頻繁、成員越多，就越容易起衝突。也就是說，當信念越來越多，不矛盾的情況就會越來越少見，能夠屹立不搖作為真理候選員的融貫系統會逐漸變少，就越來越可能達成確定性真理的目標。

當然，除非我們的信念擴及所有一切可被信念所包含的範圍，而且在那時候只剩下一個最好的融貫系統，才能將此融貫網的信念都視為真。但是，這一天有可能會來臨嗎？這似乎是不太可能的事情，我們很難想像在什麼情況下，可以確定一切可能的信念都被掌握。即使有一天，我們已經針對當時可被觀察世界的所有成員有很好的理論說明，但是，我們依然難以衡量是否仍有很難觀察而尚未被發現，或甚至無法觀察的事物存在。如果無法確定，就不能宣稱目前的信念網已是涵蓋一切可能信念中最好、且是唯一一個了。

然而，如果這真的辦不到，是否就是說，我們永遠不可能判定任何一個信念為最後（不會再改變的）真相？這似乎是很容易從融貫論主張推出的答案。

面對這個問題，可以先反思一下，為什麼我們覺得這是一個需要被解決的問題？那是因為我們預設一個好的知識理論就是要找出真理、證明真理。但是，如果事實上人類真的辦不到這一點呢？如果知識通往本體事實的道路原本就是不通的呢？那麼，融貫論就只是明確顯示出人類知識的不足之處，而不是一個危機。

當一個融貫論者這樣主張，等於是說這個難題並不是一個需要被解決的問題，而只是呈現出人類的不足。但這樣的觀點也很遺憾的宣告，知識是無法通往真理的。

此外，另一種可能性是，會不會其實根本沒有所謂的真理？從這個角度來說，融貫論並非顯示人類知識的不足，而是顯示沒有真理的這個現實。就像佛學「一切皆空」的宣告，如果這不僅僅是人類知識的限制，而是真相，那麼融貫論不過就是呈現出這個真相罷了！

問題與思考

1. 基礎論的基礎知識和融貫論的核心知識，有哪些相似以及不同之處？

相似之處在於它們都是許多信念的支柱，一旦改變，對整體的影響非常大。不同之處在於，當它們和信念網內的許多其他知識衝突時，基礎知識不會被判定錯誤，但核心知識有可能被判定錯誤。

2. 知識的發展是否有可能走向終點？

如果我們可以回答一切疑問時，就可以算是走向終點了。只不過很難想像這一天的來臨，但也不容易主張一定不會有這一天。

3. 你覺得基礎論和融貫論哪一個比較合理？你比較傾向於相信哪一個？試提出你的答案和理由。

三、理由在哪裡？「外在論」與「內在論」之爭

知識一定要有理由。但知識的擁有者是否必須知道這些理由，才算具備這些知識呢？或者必須完全知道、部分知道，或甚至完全不知道也沒關係？

當電視正播放科學節目解說各種科技新知的時候，我們不會認為這臺電視很有知識。理由很簡單，因為電視並不知道它在播放些什麼，它並不了解播放出的聲音正傳遞著什麼樣的訊息。所以，如果一個人可以像電視一樣背誦出許多正確訊息，但是並不知道自己在說什麼，就像有些小孩從小被迫背誦古文，但完全沒有任何理解，這時我們不會認為這個小孩具備那些知識。然而，如果他了解自己在說些什麼呢？這樣是不是就算具備這些知識了？

一般來說，我們認為一個人的知識，不太應該是死背的知識，除了需要知道自己在說什麼之外，至少還要了解一下這個知識成立的合理理由。也就是說，光是了解自己在說什麼是不夠的，至少還要知道一些理由來支持這些訊息，才能算是具備這些知識。

從柏拉圖對知識的定義來說，「知識是合理的真信念」。一個人的信念，需要有合理的理由支持，才能算是具備這項知識。然而，這個觀點其實也遭受挑戰。這個挑戰造成了所謂的「內在論」與「外在論」之爭，爭議點在於，這個合理理由必須是（內在於）信念的擁有者心中嗎？還是信念只要有外在證據即可，信念擁有者不知道這些證據也沒關係？

分辨內在論與外在論

記得小時候，我一直以為人類住在地球「裡面」，直到有一天有個大人告訴我，其實我們住在圓形地球的表面，而且地球還在轉動中。我聽了之後覺得很匪夷所思，難以置信，「為什麼我們不會掉下去呢？」但即使如此，我還是相信了大人說的話。在這種情況下，由於我並沒有合理的理由相信這項事實，那我是否不算具備這項知識呢？除此之外，假設我也相信教會牧師所說：「神是存在的」，而且「神愛世人」。假設這也的確是事實真相，那麼，我是否也不算知道神存在？這兩種狀況，其實不太一樣。要分辨這些不同點，可以從內在論與外在論的差異來看。

無論是內在論或是外在論，都可以認同「知識是合理的真信念」這個定義，但是，他們對「合理的」這件事情的看法不太一樣。雖然他們都認為合理性是知識必要的，但差別在於這個合理性是否必須在信念持有者的認知中，內在論主張需要，外在論主張不是必要。

內在論認為，當我們說：「A 所相信的某個信念 P，有合理的理由 R 來支持」；那麼，在 A 的認知中，他必須知道 R。也就是說，當一個小孩相信「人類站在地球表面」時，他需要同時知道一些合理的理由來支持這個觀點，像是這樣才能看見太陽與月亮，或是其他證據。所以，從內在論的界定來說，當我缺乏好的理由，就不能算是知道，這些信念便無法被視為我的知識。

然而，外在論認為，雖然這些信念需要有好的理由支持，但信念的擁有者可以不知道這些理由。也就是說，當今科學已經有很好的理由支持「地球會自轉」、「人類生活在地球表面」等事實，對我來說，雖然不清楚背後這些理由為何，但只要願意相信這件事實，而且信念來源可靠，像是從老師、書本或是科學節目習得，那麼，就可以算是具備這項知識了。所以，從外在論者的角度來說，我具有「人類站在地球表面」的知識。

這裡所講的「信念來源可靠」，是多數外在論者認為必要的條件。意思是指我的信念，可以追溯到那些合理的理由。例如：「依據科學證據寫成了書籍，大人閱讀了書籍，然後講給我聽」。那麼，我的信念來源就可以一路追溯到那些作為合理理由的科學證據。外在論者認為這樣就夠了，而且不用知道這些信念來源是否真能追溯到那些合理理由，只要「信念來源可靠」是客觀事實即可。甚至有些更寬鬆的外在論者認為，連這種來源正確的要求也不必要，只要客觀證據存在即可。

然而，即使依據寬鬆的外在論標準，我所相信的「神存在」也依然無法成為知識。因為目前在客觀上，我們並沒有很好的理由相信神存在，就算這是事實，也不符合外在論者對知識的定義。

內在論與外在論的優缺點

在討論「怎樣算是知識」的問題時，原本就是針對知識的擁有者，「在人的認知中，究竟怎樣可以算是知識？」所以，知識論在最初的討論中，幾乎可以說是預設了內在論，認為信念的擁有者需要知道一些支持該信念的理由，才能將信念轉變成知識。在這種情況下，外在論是一個很奇怪的想法。外在論之所以被提出來討論，是因為內在論的預設遇到了困難，而在理論的建構上，外在論有幾項優點。

第一，外在論不需依賴基礎論也可避開無限後退或循環的困難

當我們有個信念 B 時，對內在論來說，這個信念要成為知

識，就必須在我們的認知中至少要有一個不錯的理由 R 來支持它。然而，這個 R 也需要另一個不錯的理由 R1 來支持才行，但這麼一來，又需要理由 R2、R3……，直到出現能夠自我支持的基礎信念為止。

但由於基礎論遇到難以克服的困難，哲學家逐漸放棄基礎信念這樣的東西，那麼，我們就會遇到沒完沒了的無限後退或是信念間循環支持的問題。但對於外在論來說，可以簡單化解這個困難，就是這個支持的理由不一定得在認知中找到，只要客觀上存在即可。

例如：科學已經有很好的證明主張粒子具有隨機作用，即使我不知道為何如此，也不知道證明過程為何，我還是可以訴諸（我不知道的）客觀外在的理由，來讓這個信念成為知識，只要我獲得這個訊息的來源是可靠的。如果我們認同這也可以算是知識的合理性來源，就解開這個困境了。

第二，可以逃脫葛第爾問題

在葛第爾問題的討論中，當我們舉出將柏拉圖知識定義作為知識成立的充分條件之反例時，主要在於陰錯陽差的合理理由導致我們相信一個信念。但在那樣的情況下，卻使得我們不認同某人知道某件事，但這種情形只會發生在內在論。

以外在論來說，這種陰錯陽差的情形並不符合外在論的要求，因為多數外在論者主張信念來源至少必須是可靠的。這種可靠並不是自己覺得可靠即可，而是客觀上可靠。簡單的說，信念必須來自於或至少關聯於與此信念相關的客觀證據。陰錯陽差的信念來源跟該信念其實沒有關聯，無法具有客觀可靠性，也就無法作為知識合理性的要求。在這種情況下，如果我們採用外在論的角度來解讀柏拉圖對知識的定義，就不會遭遇到葛第爾的問題了，這也是外在論的優勢之一。

舉例來說，我在夜裡聽見雨聲，於是相信外面正在下雨。雖然外面確實正在下雨，但聲音並沒有傳到室內，我聽到的雨聲是有人正在播放音樂。在這種情況下，信念來源在客觀上是不可靠的。一般外在論者便不會認為這符合柏拉圖的合理性條件，自然也不會認為我知道外面正在下雨。

從這些外在論的優點來看，這似乎是很值得期待的。但實際上，真正的問題並沒有被解決，而只是在定義中被掩蓋了。怎麼說呢？如果我們採取了外在論的立場，就會想要追問：「我如何確認我的信念確實來自於可靠的客觀事實？」當我們期待哲學理論可以提供自我反思的功能時，一樣還是得回到個人內在理由。問題並沒有消失，所以，即使外在論有著這麼好的優點，哲學家們其實大多還是選擇不去享受這種安樂的假象。

但當我們談論他人的知識，可以從一個比較客觀的角度判斷其是否具有某個知識時，或許外在論就夠了。當一個小孩記憶了很多百科全書知識，即使並非很清楚這些知識的合理性，我們也可以說他很有知識，這大概也可以算是「知識」這個詞的適當用法；只不過我們還是會說，這種知識比較不是那種真懂的知識型態。

問題與思考

1. 假設某位朋友告訴我 A 這位政治人物貪汙，我在沒有特別思考消息是否可信時就直接相信了。假設此訊息為真，那麼，是否可以說：「我知道 A 貪汙」？內在論者與外在論者各有什麼觀點？

內在論者傾向認為這是不夠的，至少需要有還算不錯的理由相信才行。外在論者傾向於認為可以算知道，但還需要確認是否有客觀證據證明 A 貪汙。如果有，外在論者比較會認可，但還要考慮訊息獲得的管道是否真能通往這些客觀證據。假設這位朋友是陰錯陽差的碰巧說中 A 貪汙，那麼，這個訊息獲得管道並不能通往確切的客觀證據，在這種情況下，外在論者傾向於認為這不算知道。但也有不同類型的外在論者認為，只要有客觀證據即可，訊息獲得管道可以不用考慮。

2. 試著從個人所擁有的知識中尋找，是否存在某些信念，其實沒有什麼好的理由支持，但仍舊被自己認為是知識。另外，再尋找是否有些信念，一樣沒有好的理由支持，卻被歸類為非知識。

許多人沒有好理由相信自己喜歡的政治人物真的很為人民著想，但通常都會覺得自己「知道」他們很為人民著想。而對於我們的許多信仰，由於缺乏好的理由支持，即使這些信仰客觀上為真，通常我們也不會說自己「知道」它們為真。

3. 日常生活中，「知道」以及「知識」這些詞彙似乎都可套用在內在論與外在論的理解方式。這是否表示其實這些詞彙在日常用法上並沒有一個明確的標準？如果是的話，為何會如此？

日常語詞用法的演變常常會因為使用者的使用方式而改變。有時人們使用詞彙並不精確，甚至有些詞彙有許多不同的意義，這是一個常見的現象。但當我們討論問題時，可以避免去衡量「怎麼使用這些詞彙才正確」，而把重心放在如何定義會更好。內在論與外在論之不同定義的優劣，就是一個值得討論的問題。

後記

知識的反思

人類文明的發展仰賴知識的累積與傳承，所以，從古至今無論任何種族、文化，大致上都很重視教育。人們從小就被期待學習許多事物、增加各種見聞；具有眾多知識的長者，大多會成為部落、社區的精神領袖。學習知識，就像是人類天生的使命。

然而，具備知識並不一定就是好事。中國古代哲學家老子說：「大道廢，有仁義；智慧出，有大偽。」又說：「絕聖棄智，民利百倍；絕仁棄義，民復孝慈。」這裡談到了一些知識的壞處。簡單的說，具備許多知識的人，也有可能利用這些知識去騙人。另外，知識有可能是錯的，或是被運用在錯誤的地方，造成更不好的後果。而且更重要的是，藉由知識訂下各種標準之後，反倒給人類社會帶來爭端。所以，老子認為，缺乏知識的國家反而民風淳樸、較好治理。人民最好連字都不會寫，那就更完美了。

老子明確指出知識的壞處，但這種反智觀點或許是矯枉過正了，因為知識仍有其好處，難道無法捨棄壞處而仍保留好處嗎？而且，就算他是對的，人類社會也回不去了。我們不可能返回沒有知識的年代，只能繼續往前走，保留知識的好處，並設法減少其害。

曉雲法師「人生三部曲」的啟發

最近讀到一篇華梵大學創辦人曉雲法師「人生三部曲」的比喻文章，文中把蠶一生的三個階段和人類做類比。

蠶一出生就開始吃桑葉，這就和人類一出生就開始學習各種知識一樣，這是第一個階段。而後，蠶開始吐絲，吐出來的絲會把自己困住。人類則是在學習各種知識後，除了可以運用知識之外，就像老子所言會被知識困住，知識會帶來一些負面作用，這就是所謂「理障」的第二個階段。

然而，曉雲法師不認為我們必須在這個階段放棄知識，返回第一階段；而是應該尋求人生第三階段，就像蠶破繭一般的蛻變：轉識成智，即把一切對知識的執著所帶來的煩惱，轉換成智慧。將一切硬邦邦、有稜有角的知識，變成滋養萬物的水一般活用自如，其實這也就是佛學所謂「空性」的智慧。因為一切皆空，所以沒有什麼非要執著不可的，處世的稜角也就全都不見了。

要達成這個目標，或許可以參考笛卡兒的建議：「把我們所知的一切都懷疑過一遍」。然而我的建議是：試著想像一種可能性——**「我們所知道的一切都可能是錯的」**。這確實是「有可能的」，只要探索一下無知世界，就可以感受到我們所知有多麼渺小，比井中觀天還要更加不如，又如何肯定自己的堅持是必然正確的呢？如果思維可以進入這樣的想像，那還有什麼必須執著的東西嗎？如果經常性地做這樣的想像，知識所造成的損害就會降低了。

下一個思維是：**「就算是對的又如何？」**假設我是站在正確的一方，就像在交叉路上直行車有優先權，但卻遇到轉彎車搶先而被迫讓路時，我確實是正確的一方，但那又如何？生氣只是給自己找麻煩，猛按喇叭想教育對方只會適得其反。這時如果可以暫時放下對知識的執著，對此一笑置之，不就是一種悠然人生的智慧嗎？

然而，或許有人會認為，這樣太消極了，容易失去知識的價值，但事實上並不會。因為知識是一條無法回頭的道路，學會後就無法拋棄了。具有知識，就一定會得到知識的價值，學會活用知識，就能將其適當運用在生活中，它是一股很大的力量。只不過這股力量有時會給我們帶來困擾與製造麻煩。當我們放下這些知識的執著與堅持，並不會減少其利，只會減少其害。何樂而不為呢？

當然，這種藉由放下讓生命回歸平靜的生命方向也並非絕對，不是說這麼做就一定是對的，也不是說每個人都一定要如此。但最好具備這樣的能力，想放下時，至少可以放得下。

有些人的性格或許更像儒家聖賢，希望世界走向一個有禮有義的太平盛世，與其放下，更強烈期待挑起負擔。這是另一種人生方向，也因為歷史上一直有這樣的人出現，世界更能朝向改革前進。但強烈行動力帶來的不一定都像是爭取民主自由革命般是好的，依據錯誤的知識與觀念，也可能帶來像是希特勒屠殺猶太人般的浩劫。該如何反思知識，避免誤用，在此就顯得更加重要了。期待這本書能帶給普羅大眾對知識更深切的省思，減少生活上的困擾，並在讓世界走向美好的路途上提供一點助力。

1B6A

知識的終點是無知？
——揭開知識論的神祕面紗，突破思維的束縛

作　　者——冀劍制
發 行 人——楊榮川
總 經 理——楊士清
總 編 輯——楊秀麗
主　　編——蔡宗沂
特約編輯——石曉蓉
封面設計——姚孝慈
出 版 者——五南圖書出版股份有限公司
地　　址——106 臺北市大安區和平東路二段 339 號 4 樓
電　　話——02-27055066（代表號）
傳　　眞——02-27066100
劃撥帳號——01068953
戶　　名——五南圖書出版股份有限公司
網　　址——https://www.wunan.com.tw
電子郵件——wunan@wunan.com.tw
法律顧問——林勝安律師
出版日期——2023 年 12 月初版一刷
定　　價——300 元

國家圖書館出版品預行編目資料

知識的終點是無知？: 揭開知識論的神祕面紗, 突破思維的束縛 / 冀劍制著. -- 初版. -- 臺北市 : 五南圖書出版股份有限公司, 2023.12
面； 公分
ISBN 978-626-366-804-1 (平裝)

CST: 知識論

161　　112019719